WEB マーケティング 解体新書

岸本 誠
MAKOTO KISHIMOTO

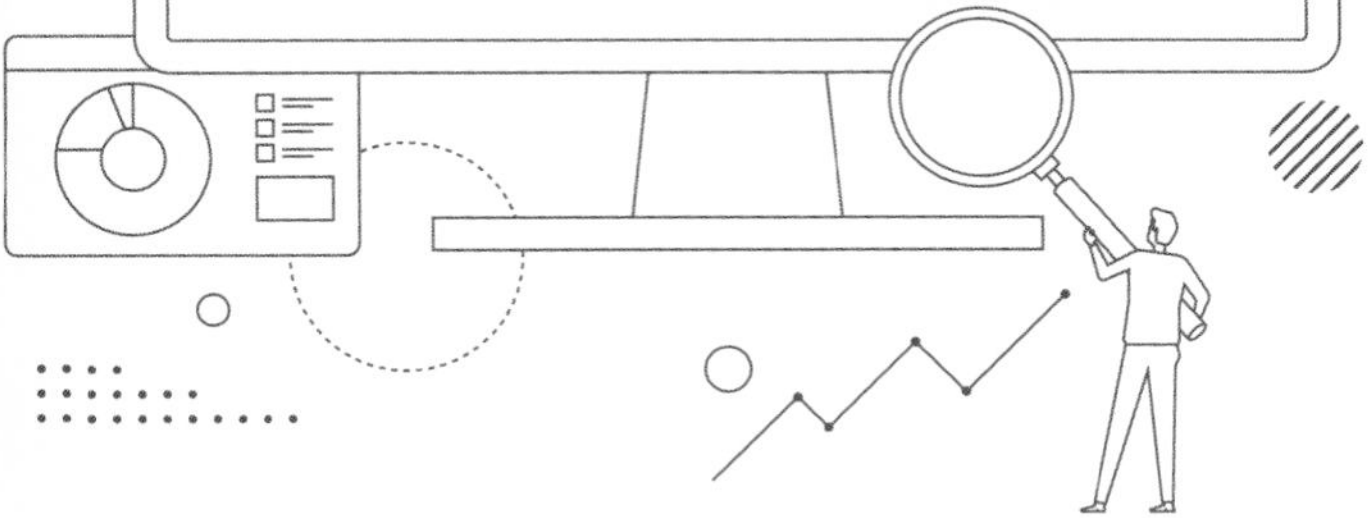

幻冬舎MC

はじめに

新型コロナウイルス感染症の流行によって企業の営業方法が大きく変化し、その変化にうまく対応できていない企業が多く見られます。感染拡大防止の観点からリモートワークが普及し、対面での営業や訪問営業、店頭での売り込みを以前ほど自由に行うことができなくなりました。

しかし「リモートだと、どうコミュニケーションを取ったらいいのか分からない」「熱量が伝わらず、見込み客を取り込めない」など、慣れない環境に苦戦する営業マンも少なくありません。

オンライン会議以外にも、企業はコロナ以前に比べ電話やメールを用いたインサイドセールスを強化しています。しかし「顧客がリモートワークを導入していて、担当者に電話がつながらない」「いくらメールを送っても反応が鈍く、届いているのかも分からない」など、課題も多くあります。

なかには半分諦めて「今だけの辛抱」「コロナが収まれば今までどおり対面の営業がで

きるようになる」と考える経営者もいますが、実はそうではありません。コロナ収束後も、リモートワーク推奨の流れは続くと予想されているのです。

パーソル総合研究所が行った「第四回・新型コロナウイルス対策によるテレワークへの影響に関する緊急調査（２０２０年11月）」によると、リモートワークを実施している企業のうち、約８割の企業が「コロナ収束後もリモートワークを続行したい」と答えています。つまり、対面営業が制限されたことが原因でオンラインでの営業がうまくいかず、売上の低下・停滞に悩んでいる企業は、仮にコロナが収束したあとも状況は大きく変わらないのです。

私は、これまで約５００社のＷＥＢサイト構築とＷＥＢを活用したマーケティングやセールスのコンサルティングに携わってきました。クライアントは製造業、商社、流通業など多岐にわたり、多くはＢtoＢ企業です。十分魅力のある商品をもっているのに、ＷＥＢサイトが活用できず販路が広がらない――そういった悩みを解決し、企業の売上拡大に数多く貢献してきました。

この経験から断言できるのは、コロナ禍で売上を伸ばすためにはＷＥＢサイトの見直し・活用が非常に効果的だということです。

多くのBtoB企業のWEBサイトはいまだデザインが古く、商品の写真と簡易説明があるだけであり、商品本来の魅力を伝えきれていないケースがほとんどです。もちろんこれは、従来の対面での営業がうまくいっていたため「WEBサイトを活用して販売につなげよう」という意識が低く、手付かずになっていたからでしょう。

しかし、以前は営業マンから発信されていた商品情報は、顧客が自身の手でインターネット検索するようになりました。そのため、インターネットを通じたマーケティング活動の重要度はコロナ禍の影響もあって高まる一方であり、WEBマーケティングが進んでいない企業は早急に活用のための基盤と体制を整える必要があるのです。

本書は私が実際に携わってきた事例を基に、自社サイトの診断および分析の方法とマーケティング・セールス改革の進め方を、BtoB WEBマーケティングの経験がない方でも内容が理解しやすいようストーリー仕立てで解説します。

経営者の多くの方は、ＷＥＢサイトを活用したマーケティングやセールス活動に高いハードルを感じるかもしれませんが、これらは決して難しいものではありません。ＷＥＢマーケティングの基本となる考え方さえ分かれば、今からでもＷＥＢサイトの改革に着手し、短期間で成果をあげることができます。

本書が、自社のＷＥＢサイトの見直しと販路拡大の一助となれば、著者としてこれ以上の喜びはありません。

BtoB企業限定　WEBマーケティング解体新書　目次

［第４章］予算・ツール・体制・人材……

WEBマーケティング導入プロジェクトの進め方

［第1章］

コーポレートサイトが単なる会社案内になっていないか？ B to B企業は「WEBマーケティング」でもっと成長できる！

日本のＢtoＢ企業のＷＥＢマーケティングは諸外国や国内のＢtoＣ企業と比べて、大きな後れを取っているといわれています。私が実際にコンサルティングを実施した数多くのクライアント企業のＷＥＢサイトを見ても、そのことを強く実感します。

一方コロナ禍や大企業のＤＸ推進などに伴うリモートワークの進展で、これまでＢtoＢ企業が得意としてきた対面営業が難しくなり、ＷＥＢによるマーケティングやセールスの重要性がさらに高まってきました。

そのため、これまでＷＥＢにあまり注力していなかったＢtoＢ企業であっても、本格的にＷＥＢマーケティングに取り組まざるを得なくなっています。

日本のＢtoＢ企業ではマーケティングがほとんど行われてこなかった!?

２０２１年４月上旬、ＪＲ東京駅から程近い日本有数のオフィス街、丸の内・大手町エリアの一角にある私の会社のセミナールームで、私は社員であるコンサルタントの西田明日美に直々にレクチャーを行っていた。今までは先輩コンサルタントに同行させて仕事を覚えさせていたのだが、入社２年目を迎えるにあたって独り立ちさせるべく、今回の機会を設けた。

「新型コロナウイルス感染症が世界的に流行したことにより、従来のBtoB企業のマーケティング手法を続けることは難しくなったよね。どういうことか分かるかい？」

「はい。感染のリスクがあるため、展示会やセミナーでの名刺収集やアポ取り、あるいは対面営業などができなくなったということですよね。対面営業がマーケティングに含まれていることが問題点であると考えています」という西田の答えに、私は安堵して頷いた。

「そのとおり。日本のBtoB企業、特に中小の製造業では、マーケティング活動はほぼ営業部門が行ってきた。それ自体が悪いわけではない。だがこれは欧米流にいえば、専門のマーケティング部門による本格的なマーケティングがほとんど行われてこなかったということに等しいんだ」

私は日本企業で営業部門がマーケティングを行ってきたことを否定しているわけではない。マーケティング機能が、日本のBtoB企業ではあまり発達してこなかったことを問題視しているのである。

「まったくマーケティングを行っていないわけではないと思われます。STP（セグメンテーション、ターゲティング、ポジショニング）といった、ほぼ経営戦略に等しいような基本的なマーケティングは経営企画部門を中心に行われているでしょう。また4P（プロダクト、プライス、プレイス、プロモーション）についても開発部門と営業部門が相談しながら計画を作っているはずです」

西田は入社してから、多くの企業のコンサルタントを担当してきた。専門的な用語も自然と身についているようだ。

私は窓の外に広がるオフィス街を見下ろし、溜め息をついた。

「もちろんそうだ。そこまでは多くの企業が実践できている。ただWEBを活用した戦術に落とし込めているBtoB企業はほとんどないのが現実なんだ。だからコロナ禍で困ってしまっているんだよ」

コロナ禍で、展示会や対面営業という従来のマーケティング手法がほぼ使えなくなった状況では、テレマーケティングやオンラインセールス、WEBセミナー（ウェビナー）といった直接会わないマーケティングに取り組む必要がある。しかし今まで対面でのマーケティングでほとんどの売上を上げてきたため、なかなかオンラインに移行できなくて困っている企業が多いのが現実なのである。

コーポレートサイトでどれだけ成果が上がっているか可視化できていない⁉

「特に困っているのがメーカーだが、理由は分かる？」

私が問いかけると、西田は一瞬考えこんでから、はっとしたように顔を上げた。

「輸出が多いからではないでしょうか。海外渡航ができないから、商談もできません。海外進出を考えているメーカーも多いでしょうけど、それもこの1年間はほぼストップしています」

「そうだね。今、海外進出は非常に厳しい。それができているメーカーはWEBが活用できている会社だけだが、数は非常に少ないのが現実だ」

「実際日本のBtoB企業は、コーポレートサイトからどのぐらいの売上を上げているのですか？」

コーポレートサイトとは、企業のオフィシャルなサイトのことだ。各部門が製品の販促等を目的に自主的に立ち上げたサイトと区別してこのようにいう。

「いい質問だ。実はそれが分からないんだ。私たちのクライアントのほとんどが、相談に来た段階では月の問い合わせ数や商談に至った数さえしっかり把握していなかった。どの時期に問い合わせが多いなど統計的な分析ができている会社もほとんどない。集客から契約までの全イベントをトラッキングしている会社などほぼないから、ＷＥＢサイトがどれだけ売り上げているかなんてまったく分からないんだ」

私はこれまで担当した多くのクライアントの顔を思い浮かべた。そもそもＷＥＢマーケティングとはどういうものかというと、「ＷＥＢを通じてモノやサービスが売れる流れをつくる活動」と定義できる。デジタルが浸透していくことで顧客の行動様式が変化していくことは明白であり、「ＤＸ時代」といわれるこれからの時代においては、ＷＥＢマーケティングのようなデータを活用するマーケティングは必須だといえる。

ＷＥＢマーケティングと一言でいっても事業内容や目的によって形態が変わってくる。一般消費者向けにも直販可能な商品やサービスをもつＢtoＣ企業は、自社ＥＣサイトとAmazonや楽天などのショッピングモールを併用することになることも多い。ＢtoＢ企業でも工業部品や工具などのように反復発注があるような商品を作っているのであれば、自社ＥＣサイトが中心になるはずだ。注文生産など技術を提供するＢtoＢ企業では、コーポレートサイトからの資料請求や引き合いがもらえるようにサイトを構築することを考えなければならない。

しかしながら、このあたりの区別がしっかりできていない企業が多いのが現実である。またコロナ禍となり、WEBマーケティングが企業にとって重要なのは理解しているが、実際にはどのように売上を伸ばしてよいのか分からない経営者は非常に多い。

BtoC企業と比較して5年は遅れているBtoB企業のWEBマーケティング

「BtoC企業と比較すると、BtoB企業のWEBマーケティングは5年は遅れているというのが私の肌感だ。BtoB企業でも直販用のECサイトをもつ会社が増えてきたが、BtoC企業では10年以上前から取り組んでいる。デジタルならではのマーケティング手法も多くの企業が使いこなしている」

私が冷静に日本の企業の現状を語ると、西田は熱心に聞き入った。

デジタルならではのマーケティング手法とは、例えば「WEB接客ツール」と呼ばれるツールの活用だ。これは自社サイトに訪問してきたユーザーの嗜好等を分析してニーズに合わせた対応を自動的に行い、その際のユーザーの反応を分析できるツールで、ユーザーに対して「おもてなし」しているように見えるのでその名がある。

アドテク（アドテクノロジー、WEB上で高度な広告配信を自動的に行うツール）やリターゲティング広告（一度サイトから離脱したユーザーに対して繰り返し広告を配信する手法）などの広告手法も使いこなしている企業が多い。一方で、BtoB企業だとテレビCMや新聞広告を使いこなせている企業さえ少なく、デジタル広告となると大半が使いこなせていない。

「現代は『DX時代』といわれるが、DXとはなんの略か分かるかい？」

「デジタルトランスフォーメーションの略ですよね」

西田はすかさず前のめりになって答えた。

「そのとおり。巷の定義をまとめると『外部環境の変化に対応するために社内変革を行いつつ、最新テクノロジーを活用して新たな価値を創出し、競争優位を確立すること』ということになる。最新テクノロジーとは、クラウド、IoT、5G、ビッグデータ、AI、メタバース、ソーシャル技術およびこれらを活用したアプリケーションなどが挙げられるが、これらはあくまで道具であり、最も大切なのはデータだといわれている。

つまり『データに基づいて、経営判断やマーケティング、マネジメント、あるいは生産などを実行しましょう、そのために最新テクノロジーを活用しましょう』というのがＤＸなんだ。

ところが、メーカーのほとんどがＷＥＢサイトからどれだけの売上が出ているかを把握できていない。せっかくデータを入手できる媒体をもっているのにもかかわらずまったく有効活用できていない状態で、このままではＤＸ時代を生き残ることはできないんだ。

そもそも、ＤＸという言葉が提唱されたのは２００４年だといわれている。意外と古くからあるのだけれど、普及したきっかけは経済産業省が主宰した『デジタルトランスフォーメーションに向けた研究会』が２０１８年９月に公開した『ＤＸレポート』だ。そのなかで『２０２５年の崖』という衝撃的な言葉が使われている。その内容は、ＤＸが進まなければ２０２５年以降、最大で年間12兆円の経済損失が生じる可能性があるというものだ」

「年間12兆円ですか⁉　それはとんでもない損失ですね……。しかも2025年なんてもうすぐじゃないですか！」

「これはDXできていない企業が被る損失ではなく、社会全体が被る損失だと表現されているが、おそらくDXに成功した『勝ち組』と失敗した『負け組』に二極分解し、損失の大部分は負け組が被ることになると予想できる。

WEBマーケティングに取り組むことはDXにつながると私は思っているが、残された時間はもうあまりない。始めるなら今すぐということなんだ」

問題は人材不足とITアレルギー

「それにしても、なぜこれほどまでに日本のBtoB企業ではWEBマーケティングができていなかったのでしょうか。営業部門が主に対面でのマーケティング活動をしていたので、必要なかったからでしょうか」西田が核心に触れる質問をしてきた。

「うん。それも正解だが、大手企業は別として、日本のBtoB企業、特にメーカーは中小企業が多いから、専任の人材にWEBマーケティングを担当させることが難しいという理由もある」

「なるほど。あと付け加えるとしたら、日本では人材を1つの部門に定着させず、いろいろな部署を経験させることが多いので、専任の担当者が置けるような規模の会社でもなかなかノウハウが蓄積されないということもあると思います」

「そうだね。まとめると営業部門がマーケティングを担当していたこと、専任のマーケティング人材を置く余裕がなかったこと、人材を1つの部署に定着させない人事制度――この3つが日本のBtoB企業でWEBマーケティングが発達してこなかった理由だ。そのなかでも特に2番目の理由で人材不足の会社が多かったり、必要性をあまり感じていなかったりしたため、WEBマーケティングに人を割く余裕がなかったというのが大きい。それで今まで諦めていた会社が多かったというのが私の実感だ」

「専任の人材を置いてもらうにしても、WEBマーケティングを実施するにあたってITリテラシーは必要なのでしょうか?」

「それは必要だろうね。ただリテラシーというよりも、ITアレルギーがないというほうが重要だと思う。WEBマーケティングのツールはその考え方を理解していないと何から始めていいか分からないのだが、逆に考え方さえ分かれば今のツールはとても使いやすくなっている。だがITアレルギーがあると、いくら使いやすいツールでも使う前にギブアップしてしまうことになりがちだ。ゲーム感覚でツールを『遊べる』人であればすぐに熟達するんだけどね」

幼い頃からITが当たり前のように身近にあり、ゲーム感覚でツールを利用する若者は抵抗がないようにも見えるが、マーケティングとなると年代問わずITアレルギーのある経営者は少なくない。

「ただツールの根底にある考え方を理解するのも難しいですよね。MA（マーケティングオートメーション）やCRM（カスタマーリレーションシップマネジメント）、あるいはDMP（データマネジメントプラットフォーム）などといきなり言われても難しいと思います」

「良い指摘だ。実際こういう略語を聞いただけで敬遠する人もたくさんいるし、大手企業でもこれらの違いを明確に説明できない担当者が意外に多い。これも一種のITアレルギーといえるだろう。今までWEBマーケティングに取り組んでこなかった会社がいきなりこれらに取り組んでもうまくはいかないんだ。ものには順序がある」

もったいないコーポレートサイトが多い

ものには順序がある――その例として私はあるメーカーのコーポレートサイトをプロジェクターに映した。

「これは名古屋市近郊を中心に店舗展開をしている繊維メーカーのサイトだ。わが社のクライアントだが、このスライドは改修前のものだ。店舗展開をしているので純粋なBtoB企業とはいえないが、コーポレートサイトは主に法人、つまり卸業者や小売業者向けだ。これは実に残念なサイトなのだが理由が分かるか?」

西田が黙って首をかしげているのを見て、私はヒントを出した。

「では、『キイトー』(仮名)と言えば分かるかな?」

「えっ、あの! とても有名な手芸用品チェーンです」

「そうだ。そのチェーンはこの会社が運営している。それにもかかわらず、サイトを見ても分からない。実にもったいない。自社がもっているせっかくの『ブランド』をまるで活用できていないんだ」

「『ブランド』……ですか。でも、それは特殊な例では？」

「それがそうではないんだ。多くのＢ to Ｂ企業がこのようなもったいないことをしている。多くのＢ to Ｂ企業が何をしている会社かよく分からないコーポレートサイトを作っているのが現実なんだ。単なる会社案内になっているものも多い」

「それはどういう意味ですか？」

西田はプロジェクターから目を離し、私に問いかけた。

「会社案内のパンフレットがあるだろう。事業内容、沿革、経営理念、社長の挨拶、製品紹介など会社概要が主な内容のやつだ。あれと同じで、就活生や株主への情報提供には役立つがマーケティングにはほとんど役に立たない。営業マンが商談に行くときには会社案内のパンフレットを持っていくけれど、あれだけで商談などできないだろう？　だがそんなコーポレートサイトが本当に多いんだ」

「確かに言われてみると、何が強みなのか分からないサイトが多いですね。顧客視点が足りていないというか、自社紹介、それこそ会社案内で終わってしまっている印象があります」

「それだけではないんだ。コーポレートサイトが会社の印象を下げてしまっていることもある」

「コーポレートサイトが会社の印象を下げるとはどういうことでしょうか?」

「日本のＢtoＢメーカーのなかには高い技術力をもち、世界水準を超える品質・性能をもつ製品を提供している中小企業も数多く存在する。日本の輸出管理厳格化による韓国への影響などを見ていると、日本の素材メーカー、部品メーカー、装置メーカーなどの技術力の高さにあらためて気づかされる。高品質で安全・安心な製品を提供しようという姿勢は、もちろん重要なことだ。

その一方で良い製品を作っていれば売れるという考えが、ＢtoＢメーカーだけではなく多くの日本企業に染みついているように感じる。ところが、残念ながらそうではない。そもそも『良い製品』かどうかを判断するのは、作り手の側ではなく使う側だ。そうであれば、大切なのは会社の事業や製品を広く伝えていくことであり、その結果多くの人に使ってもらうことで実際に世の中の役に立つことができる。そうなって初めてユーザーから良い製品だと評価される。その点で、コーポレートサイトの第一印象は極めて重要といえるんだ」

「なるほど、コーポレートサイトが会社の顔になっているということですね」

「メーカーのなかには『わが社は下町の工場なんだ。気取ったホームページなどむしろお客さまに誤解を与える。真面目で質実な感じが伝わればいいんだ』と言う経営者は一定数いて、事実、そのようなコーポレートサイトが多い。

しかしこれは本当にもったいなくて残念な話だ。例えばページのデザインは統一されているか、フォントがページによって違っていたりはしないか、常に最新の情報に更新されているか、古い情報が残っていないか、リンクはきちんとつながっているか——こういう観点で見ていくと、コーポレートサイトはいわば営業マンの役割を担っている。営業マンの姿が好感をもてるものでなかったら、会社そのものの印象が悪くなってしまうんだ」

本来新規顧客を獲得して、業容を拡大していきたいからサイトをもっているはずである。業容拡大が目的でなかったとしても、売上を生まないサイトなら必要はない。むしろ捨ててしまったほうがコストカットになるのだ。

WEBガバナンスを引き上げて進め！

「WEBガバナンスという概念があるが、どういうものか説明できるかな？」

「なんとなくは分かるのですが、説明しろとなると……」

私が問いかけると、西田は決まりが悪そうに下を向いた。

「WEBガバナンスとは企業のWEBサイトを統括し、一元的に運営するための考え方とその実現手法のことだ。私の考えでは、WEBガバナンスには1・0から3・0まである。1・0は企業ブランドやデザインの統一、2・0はサイト管理のためのルールと体制の確立、3・0は実際に成果を生むサイトの構築だ」

実際のコンサルティングでは1・0と2・0を同時進行で行い、両方が確立した段階で3・0の取り組みに移行する。ちなみに西田が言っていたMAやCRM、DMPの導入は3・0における取り組みである。

「1・0や2・0を疎かにすると、SEO（検索エンジン対策）のような基本的な取り組みにも支障が出ることになるんだ。最初の入口の整備もできていないのに、顧客情報の一元化に取り組んでも、そもそもリード（見込み客）を集めることができないからほとんど意味がないんだ」

「でも2025年の崖の話があったように、残された時間がもうあまりないのなら、1・0〜3・0を同時進行で取り組まないと間に合わないのではないでしょうか」

「いい質問だ。実際そのように考えて焦ってしまう経営者も多い。しかしそれでは手戻りが多くてコストもかかり、非効率でむしろ時間がかかる。1・0と2・0でしっかり土台を固めて、それから3・0に取り組むほうがコストも時間も最適化されるんだ」

「なるほど。とはいえブランドやデザインの統一、ルール化や体制の確立などと聞くと、ハードルが高いと思う人も多いのではないでしょうか。さらに3・0でのシステム構築も考えると、多くの人材やコスト、期間が必要なように見えます」

「そうだね。でも実際は専任のメンバーがいれば1人でもできる内容なんだ。ただ1人では決められない。最低1人の専任メンバーとほかは兼任でもいいから、関係者を集めてプロジェクトを組んで進めることが必要だ」

プロジェクトメンバーは営業部（マーケティング部がある会社はそちらでもちろんかま

わないが、そもそもそういう会社は少ない)、情報システム部などになる。コーポレートサイトに採用目的もある場合には人事部も参加する。プロジェクトマネージャーはどの部門から出してもかまわないが、責任者として経営層から誰か1人を選出することが重要である。中小企業であれば社長が最も望ましいといえるが、CIOやCMOがいればその人でもかまわない。大きな権限をもって迅速な判断が可能なトップ層が関わることが、「DX案件」の重要成功要因なのだ。

またDX時代におけるWEBマーケティングとは、次のようなPDCAループを回していく(②~⑤をぐるぐる回す)ことだといえる。

① 目指す成果とそれをもたらしてくれるターゲットを明確にする
② 見込み客を集める
③ 見込み客に情報発信する
④ 情報発信の反応を分析する
⑤ 分析結果に基づいて改善する

ＰＤＣＡループは、ＷＥＢガバナンス３・０における取り組みそのものになる。つまり今までＷＥＢマーケティングにしっかりと取り組んでいなかった企業がいきなり取り組むべき内容ではない。

実際には１・０と２・０の取り組みは同時進行で行われ、両方が達成された段階で３・０の取り組みが始まるのだ。本書の読者の多くは、まずは１・０と２・０の取り組みから始めるべきだと考えられる。

「さて、ＷＥＢガバナンス１・０に達していないＢtoＢ企業が多いのが現状だ。これらの企業は今まで専任で専門的な人材が確保できないという理由でＷＥＢマーケティングを諦めてきたのかもしれないし、人材を確保する必要性を感じなかったのかもしれない。どちらの理由が大きいかはその会社のさまざまな事情や外部条件などによるが、いずれにしてもＷＥＢマーケティングに真剣に取り組んではこなかった。だが状況は大きく変化した」

「コロナ禍ですね」

「そうだ。政府や自治体の要請でリモートワークに取り組まないといけなくなった会社が数多くあった。さまざまな課題は今でもあるのだが、やってみたら思っていたよりできてしまった。若手や年配の社員では困ってしまった人も多かったようだが、中堅社員は出勤や出張などにかかる時間が削減された分、働きやすくなったと言う人も多かった。営業も『対面でないと無理』と言う人もいるが、『訪問や出張の移動時間が減った分、十分な準備ができるようになった』『オンラインでいつでも会えるのでむしろ接触頻度が増えた』『物理的な移動を考えなくていいのでむしろ商圏が広がった』という営業マンも多いんだ」

リモートワークやオンライン会議にはデメリットもあるが、その恩恵で仕事が効率化されたり、ビジネスチャンスが広がったりしたと考える人も多い。こうなるとコロナ禍が収束したあとオフィスに戻る人も増えるだろうが、一方でリモートワークのメリットを活用したいという人も少なくないはずだ。コロナ禍になる前に戻ることはあり得ず、オフィスワークとリモートワークを適宜組み合わせるハイブリッド型の働き方が今後定着していくと考えられている。

緊張した面持ちだった西田は、いつしか真剣なまなざしで私を見つめていた。

「ハイブリッドな働き方が主流になるとしたら、ＢtoＢのマーケティングや営業はどう変わるべきだと思う？」

「お客さま側もオフィスにいるのか自宅でリモートワークをしているのか分からないから、今までのように名刺を見て電話してアポを取り、オフィスに頻繁に訪問して親しくなりながらニーズを探っていくという従来の方法は使えなくなります。そうなるとMAのようなツールを使って情報提供をしながら、一定の段階に達したらまずインサイドセールスが電話等で対話し、自分でクローズするケースもあるでしょうし、フィールドセールスに送客するケースもあるでしょう。こういった欧米型のマーケティングとセールスが主流になっていくと考えられます」

「そうだね。とはいえWEBガバナンスのレベルが低いうちはMAなども使えないのはさっき話したとおりだ。だがいずれにしても所属がマーケティング部門か営業部門かは関係なく、オンラインツールやWEBツールを使いこなせないと先には進めないということははっきりしている。そのため私たちの会社に相談に来る企業もコロナ禍以降、大幅に増えているんだ」

BtoB企業のなかには今までWEBマーケティングに本格的に取り組んでこなかったと

ころも多く、とても大きなのびしろがある。

ＷＥＢサイトデザインの見直しを軽視する人も多いが、例えばスマートフォン対応をしていないページを修正するだけで検索順位が大きく変わってくる。ＷＥＢガバナンス１・０の取り組みは、簡単なのに効果が非常に高いのである。

今までＷＥＢマーケティングに本格的に取り組んでこなかった会社はのびしろだらけで、少人数でも取り組みは可能なため、やらない手はまったくないのだ。

私は西田を見て「会社案内の段階のコーポレートサイトを１・０、２・０に引き上げることが私たちの最初の仕事だ。それは先輩たちと同行して理解していると思うが、どうだい？」と、問いかけた。

西田は、「はい！」と力強く返事をした。

［第2章］

BtoB企業がおさえておくべきWEBマーケティングの基礎知識 WEBマーケティング成功の鍵はゴールとターゲットの設定

WEBマーケティングとは「WEBを通じてモノやサービスが売れる流れをつくる活動」のことを指します。その活動を成功させるためには、明確なゴールをイメージし、その目標を達成するための顧客ターゲットを選定しなければなりません。

一口にBtoB企業といっても、法人客が対象なのか、個人客も含まれるのか、リピート注文の多い商品を扱っているのか、受注生産がメインなのかなどによって、ゴールイメージも顧客ターゲットも変わってきます。

WEBマーケティングを始めるにあたっては、自社のビジネスモデルをしっかりと把握したうえで、ゴールとターゲットを明確にすることが出発点になるのです。

ECサイトがうまく結果につながらない……

「本日は、『中小企業のためのWEBマーケティングを考えるオンラインセミナー』をご視聴いただきありがとうございます。定刻になりましたのでさっそく始めたいと存じます。1時間弱のお時間となりますが、最後まで何卒よろしくお願い申し上げます。まずは簡単に自己紹介させてください」

2021年4月下旬、私の会社のウェビナー（WEBセミナー）用ルームで、西田はこのように語りだした。西田にとって見込み客向けのセミナー講師を務めるのは初めてであり、そのため若干緊張している。ベテランであれば受講生の反応が見えないのでやりにくいと言うだろうが、西田は反応が見えないのでまだやりやすいと思っていた。

簡単な会社紹介と自己紹介を終えた西田は、「それではさっそくですが『WEBマーケティングとは何か?』について説明させてください」と、テンポ良く本題に入っていく。

「WEBマーケティングとは、『WEBを通じてモノやサービスが売れる流れをつくる活動』のことです。特にデジタルが市場に浸透していくことで顧客の行動様式も企業活動も変化していく『DX時代』においては、データが収集できてそのデータを活用することができるWEBマーケティングは、企業における必須の活動だと言うことができます」

WEBマーケティングは、「夜中でも休日でも休みなくマーケティングやセールスをしてくれる」ことが特徴の一つであり、さらに活動の効果がすべてデータとして取得できることが大きなメリットである。

例えば広告の費用対効果を算定することはなかなか難しい。テレビCMがどれだけ売上につながっているかを算定することも同様である。だがWEBであればLP（ランディングページ。商品やサービスを詳しく説明し、購買や問い合わせを促すページ）にどれだけの訪問者がいて、どこまで読んで、何人が期待する行動（コンバージョン）をしたかなどがすべてデータとして残る。そのため費用対効果を算定するのは極めて容易であり、改善ポイントを見つけることも難しくない。

「さてWEBマーケティングの成功の鍵は、ゴールやターゲットを適切に設定することです。それを説明する前に、ビジネスモデルによってターゲットやゴールは変わるということをおさえてください」

ゴールとは具体的には、「リード（見込み客）を集めたい」「売上が欲しい」「契約が欲しい」などであり、ビジネスモデルによってどれがゴールになるのかが変わってくる。

「まずはビジネスモデルで分けてみましょう。中小BtoB企業におけるEC（Eコマース、インターネットなどのネットワークを介して契約や決済などを行う取引形態）の例を考えてみます。ECといってもBtoC企業とBtoB企業では違ってきます。そのなかでも

ＢtoＣ企業にいちばん近いのは一般消費者向けの直販可能な商品やサービスをもつ企業です。この場合は、自社ＥＣとAmazonや楽天などのマーケットプレイスを併用して売上を上げることを目指すのが一般的です。

また法人向け商品ですが、部品や工具のように繰り返し発注があるビジネスの場合は、自社ＥＣのみで売上を上げることを目指します。さらに法人向けに技術を提供するビジネス、すなわち受注生産や業務委託の場合は、自社サイトからの引き合いを増やすことを目指します」

このように、自社のビジネスモデルとチャネル（カスタマーと企業がもつ接点や毛色のこと）およびゴールには密接な関係があるのだが、ＥＣがうまくいっていない企業はまずこの関係がよく分かっていないことが多い。

誰のためのサイトなのか分からないものが多い

西田は画面越しに受講生の表情をうかがいながら、分かりやすく伝わるように例を挙げて説明を続ける。

「ゴールが分かったとして、ターゲットはどうやって決めればいいのでしょうか。大きく2つの観点で考えることが大切です。

1つは、すでに取引のある既存顧客を分析し共通点を探すことです。その際にピックアップする項目は、会社の業種や規模、キーマンのいる部門、その企業における課題などになります。なお、すべての既存顧客を調べる必要はありません。上位2割ぐらいの主要顧客で売上の8割を占めているという経験則もあります。主要顧客の共通点を探れば十分ですし、そのほうがより正解に近い分析ができると思います。

もう1つの観点は、自社の立ち位置を考えてターゲットを選定することです。唯一無二の商品・サービスあるいはビジネスモデルをもっているユニコーン企業（評価額が10億ドル以上の非上場ベンチャー企業）でもない限り、必ず競合他社が存在します。競合と同じことをしていたら、そのなかに埋もれてしまい顧客に見つけてもらうことができません。

例えば栄養ドリンクでも、疲労回復を謳う商品もあれば、もうひと頑張りしたいとき飲む商品もあります。こうした差別化により商品・サービスの特徴が生まれ、顧客に選ばれるようになるわけです。『疲労回復』と『もうひと頑張り』では、ターゲットが変わってくるのはお分かりかと思います」

一言でターゲットといっても、ＢtoＢの場合は業種と部門の組み合わせになる。同じ業種でも営業部門は売上増が目的となるが、経理部門ではコストカットが目的となる。だからキーマンのいる部門が重要なのだ。ターゲットを決める際には、同時にターゲットの性別・年齢・地域などを具体的に設定した「ペルソナ」を考えるのがセオリーだ。ＢtoＢの場合には、企業とキーマンの両方のペルソナを設定する必要がある。

ＷＥＢマーケティングの導入には順序がある!?

「ゴールとターゲットが設定できたら、『集客・情報発信・データ活用・運用』の流れでＰＤＣＡを回していくことになります。集客とはリード（見込み客）を集めるということで、主な手段としてはＳＥＯやＷＥＢ広告、ＳＮＳなどがあります」

リードに対しては定期的な情報提供をしていく必要がある。以前はマーケティングや営業がＤＭなどを送っていたが、ＷＥＢマーケティングにおいてはさまざまな手段があり、また自動化手段も発達してきている。

［図表1］ DX時代のWEBマーケティングのあり方

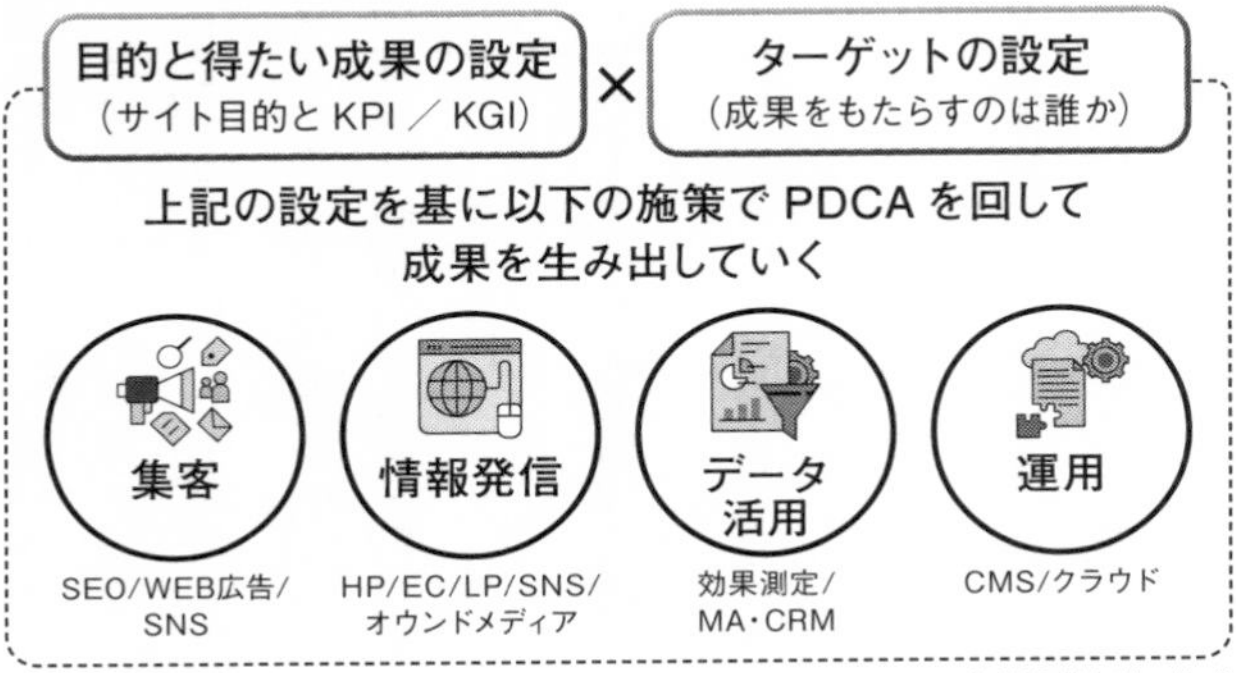

自社資料を基に作成

「情報提供の効果を測定して、リードやロイヤルカスタマーの育成に役立てなければなりません。データ活用によって成果を最大化するということですが、そのためのツールとしてはＭＡ（マーケティング活動の自動化）やＣＲＭ（顧客関係管理）があります」

セミナーの受講生たちのなかには西田の話を頷きながら聞き入る経営者もいれば、専門用語が出た時点で曇った表情になる経営者などさまざまだ。

「また効果測定の結果から、効果の小さい施策を改善していく必要があります。これはマーケティングツールの運用ということであり、ＣＭＳ（コンテンツ管理システム）やクラウドを活用することにほかなりません。改善の際には、顧客ニーズを踏まえて差別化に資する要素をコンテンツに反映していくことを考えます。これを忘れずに何度も試行錯誤しながら正解に近づいていく努力が求められるのです。

改善してまた集客をしていくというＰＤＣＡループが、ＤＸ時代のＷＥＢマーケティングのあり方ということになります」

ＷＥＢマーケティングのＰＤＣＡのポイント

「ＷＥＢマーケティングのＰＤＣＡについてですが、ＷＥＢマーケティング導入のゴールイメージをつかんでおくことで自社の現状との距離感が分かり、今後の取り組みへの大まかな予算や期間もイメージできます」

西田はプロジェクターに新たな図を映し、一息ついたあと再び話し始めた。

「図の起点は左上で、そこから時計回りにぐるぐる回ります。

ＰＤＣＡのＰ（Plan）に該当する部分が集客です。Ｐといいながら、すでに集客というアクションを起こしていますが、この時点でターゲットとゴールを設定することからＰと

［図表２］　WEBマーケティングのPDCAについて

SEO/WEB広告/SNS 認知/認識/誘導/拡散	HP/EC/LP/SNS/オウンドメディア 目的に応じた情報発信/ 受信の手段・手法
・リードジェネレーション ・SEOはコンテンツSEOが主流に ・短期的にはWEB広告が効果的 ・情報拡散効果	・顧客ニーズを満たすコンテンツ ・選ぶ理由の訴求、強みを活かす ・フォローによるターゲットとの継続的関係性構築 ・スマートフォン対応
CMS/クラウド KPIを見据えた更新・改修/効率化/ セキュリティ・可用性	**効果測定/MA・CRM** データ活用による成果の最大化
・効率的な情報発信のための仕組み ・サービス向上と運用負荷軽減 ・データに基づく改善の実施 ・安心安全なインフラ	・効果測定 ・PDCAサイクルの仕組化 ・リードナーチャリング ・ロイヤルカスタマーの育成

自社資料を基に作成

位置づけています。このフェーズの目的は認知・認識・誘導・拡散であり、手段はSEO、WEB広告、SNSなどとなります。目標（KPI、目標達成に必要なプロセスを具体化するための指標）は見込み客の獲得数です。

SEOに関しては以前は外部リンクの獲得などが重要視されていましたが、検索エンジンを提供しているGoogleなどの究極の目的は検索キーワードにふさわしいサイトを表示することですから、コンテンツがしっかりしていることが最重要なのは間違いありません。それにはWEB広告が効果的なフェーズです。SNSは情報拡散の効果を狙って活用します。

Dに該当する部分が情報発信です。リー

ドに対して情報提供することで関係構築および購買意欲を喚起させることがＢtoＢ営業の鉄則であり、それをＷＥＢで実現するのがこのフェーズです。そのためにはコンテンツをしっかり充実させること、特に強みを明確に伝えることが重要です。

発信源としてはホームページやＥＣサイト、ＬＰ（ランディングページ）、ＳＮＳ、オウンドメディア（ブログやメルマガなど）といったあらゆるＷＥＢ媒体が該当します。

これをスマートフォンに対応させるだけでも検索順位が上がります。ＢtoＢでも例えば移動時間などにスマートフォンで検索する人が増えています。検索結果を表示したらスマートフォン対応のページではなく、文字の細かいＰＣ用ページが表示されたときのがっかり感は誰もが経験あると思います。それだけで離脱して、二度と訪問しないユーザーも多いのです。今の時代、コンテンツのスマートフォン対応は必須です。

Ｃに該当する部分がデータ活用です。情報発信をすることでユーザーからさまざまなフィードバックを得ることができます。個人情報やコメントなどユーザーによる入力情報もありますし、ログとして採取できるユーザーの行動履歴もあります。Google Analyticsなどのサイト解析ツールを使えば、訪問者数、ユニークユーザー数、訪問者のエリアや使用ＯＳ、滞在時間、離脱率、検索キーワードなどさまざまな情報が取得できます。ユーザーがコンテンツのどの部分を読んでいたかといったことが分かるヒートマップというツールもあります。

これらのデータをＭＡやＣＲＭといったツールで利用し、リードや優良顧客の育成に役立てることが、ＢtoＢ ＷＥＢマーケティングの肝となります」

最初は難しそうだと顔をしかめていた受講生たちも、具体的な取り組み方が説明されたことで前のめりになって西田の話に耳を傾ける人が増えてきた。

「Ａに該当する部分が運用です。効果測定の結果改善点が見えてきますので、ＫＰＩを見据えながら改善していくことが必要になります。ＤＸ時代は正解のない時代であり、数多くの試行錯誤を繰り返しながら少しずつ成果を上げていく不断の努力が求められます。そのためには自動化などの効率的な対応が必要であり、ＩＴインフラの整備をしなければなりません。ただ整備するだけでなくセキュリティ対策も必要ですし、障害対策による可用性の向上も必要です。

改善のための環境を整えることが肝心です。そのためにはＣＭＳというコンテンツとサイト構成を効率的に管理できるツールが必要ですし、それを所有するのではなくSaaS（Software as a Service）という形態で迅速に入手すべきなのです。SaaSの良いところは、導入の手間がほとんどなく運用を提供業者に任せられるところです。また可用性や拡張性に優れたクラウドが運用環境としてふさわしいといえます」

ちゃんと伝わっただろうかと心配そうな顔をした西田を見て、私は大きく頷いた。西田はほっとしたように笑みをこぼすと、そのまま画面に向き直った。

「以上がBtoB企業におけるWEBマーケティングの概要とその成功ポイントでした。いかがでしょうか？　当たり前だと思われましたか？　それとも『簡単そうに言うが、実際にやるのは大変そうだ』と思われましたか？

御社の現状がどのレベルかにもよるのですが、私たちの経験から申し上げますと、『実際にやるのは大変』という会社のほうが多いのではないかと思います。

ここでWEBガバナンスの話をすると、WEBガバナンスのレベルには1・0〜3・0まであります。1・0が企業ブランドやデザインの統一、2・0がサイト管理のためのルールと体制の確立、３・０が実際に成果を生むサイトの構築です」

以前レクチャーしたことを西田が適切に説明できており、私はほっと胸を撫で下ろした。

「ＭＡやＣＲＭを活用してＰＤＣＡループを回すといった取り組みは、レベル３・０に該当します。つまり１・０や２・０がまだできていない企業には難しいということになります。ＷＥＢマーケティングの導入には順序があり、いきなり一足飛びに３・０からというのは難しいのです。

ところが、多くの企業ではＷＥＢマーケティングのレクチャーを受けても段階があるということまでは教わらないので、いきなり３・０の取り組みから始めようとして失敗します。失敗するだけならまだしも、その失敗で『やはりわが社にはＷＥＢマーケティングは無理だったんだ』と考えてしまうと致命的です」

企業にとっては頭の痛い話に違いない。しかし、西田はマーケティングコンサルタントとしてあえて厳しい現実をつきつけた。このセミナーが企業が変わるきっかけになってほしい、そんな思いからだった。

失敗の例としてよくあるのは、ＳＥＯ（検索エンジン対策）の不芳である。ＷＥＢマーケティングのPDCAループは集客から始まるが、そのためにはSEOが必要となる。デザインが統一されていないサイトでSEOを実施してもなかなか検索順位が上がらない。なんとか努力して検索順位が上がったとしても、その後デザインの統一をした場合に検索順位が下がってしまうと、また一からSEOをやり直すことになりかねない。

「WEBマーケティングを導入する際には、まず自社のWEBガバナンスがどのレベルにあるかを知ることから始める必要があります。そのレベルに応じて、進め方が変わってくるからです。

そこで私たちの会社では、ヒューリスティック分析による無料サイト診断があります。そして診断結果に基づいて、その企業における最適な進め方を提案しているのです」

ヒューリスティック分析とは、経験豊富な専門家が経験や知識に基づいて行うUI（ユーザーインターフェース）／UX（ユーザー体験）の評価のことだ。被験者を必要とせず分析者の作業のみで完結することから、競合との比較も容易にできる。ただし分析者の主観による定性的な分析であり、仮説を立てるのには向いているが、その検証方法につ

［図表3］　ヒューリスティック分析による診断

ブランディング・デザイン性 なんのサイトか分かるか、好感をもてるイメージか	○見やすいデザインか ○誰に向けてなんの情報を発信しているか分かるか
マーケティングに関わる訴求力 顧客ニーズに応えているか	○閲覧ニーズを裏切らない情報発信か ○購買意欲／問い合わせ意欲に働きかける力はあるか
ユーザビリティ・ファインダビリティ・信頼性 使いやすいか、見つけやすいか、安全か	○コンテンツの分類は適切か ○情報は探しやすいか ○ナビゲーションは使いやすいか ○スマートフォンに対応しているか ○ SSL（TSL1.2）に対応しているか ○サイトマップは用意されているか

自社資料を基に作成

いては事前に議論して合意しておく必要がある。

サイト分析においてヒューリスティック分析を行うメリットもある。それは調査前提のなかにサイトの目的とターゲットおよび競合の設定が含まれることだ。WEBマーケティングの成功ポイントのうち2つが、数値目標（ゴールイメージ）の設定とターゲットの明確化（既存顧客の分析と差別化要素の発見）である。つまりヒューリスティック分析を行う際に、この2つを考えることになるということだ。無料で一緒に考えてもらえるのであれば、診断を受ける側のメリットはかなり大きいといえる。

オンライン営業も展示会もWEBマーケティング次第

「マーケティングのセミナーで扱うのは違和感があるかもしれませんが、続けてオンライン営業の話題に移りたいと思います。WEBマーケティングを導入すると、マーケティングとセールスがシームレス（つなぎ目なし）につながるので、実際に導入が終わっている企業においてマーケティングの文脈でセールスの話になることもあります。

またコロナ禍において、オンライン営業に取り組まざるを得なくなった企業が多かったのですが、WEBマーケティングが導入できているかどうかで、かなりの差がありました。もちろんWEBマーケティングが導入できている企業のほうがオンライン営業もうまくいったのです」

その理由は単純で、WEBマーケティングを導入していない企業は集客の段階で展示会やオフラインのセミナーなど営業マンによる対面の施策に頼っていたからにほかならない。一方、WEBマーケティングを導入していた企業はすでにデジタルによる集客に取り組んでいたので、オンライン展示会やウェビナーなどにもすんなりと取り組むことができた。

「では、まずオンライン営業で対面以上の効果を生み出す基本的な手法をいくつかお伝えしましょう」

西田は受講生と画面を共有し、オンライン営業の基本的な手法を４つ紹介した。

①名刺・プロフィール

デジタル名刺や自己紹介データを事前に用意しておく。

物理的な名刺と違って切らすこともないし、客先で回覧してもらうことも可能。

物理ファイルでなく、リンクを送るようにすれば、常に最新なので顧客にとっては便利。

②共有メモ

議事録等を共有メモとして管理し、双方の認識合わせに役立てる。

ＷＥＢ会議であれば、許可を得たうえで録画を残すこともできる。

③ シンクロプレゼンテーション

発信者からの一方的なプレゼンテーションではなく、画面を共有しながら双方向で確認し合って進めることができる。

チャット機能なども利用し、その場で出てきたアイデア、質疑応答等を共有。

④ トークスクリプト

顧客情報や営業トークをカンペとして用意しておく。

対面の営業と違ってカンペを見ていることがバレないので、より多くの商談が可能になる。準備が完璧になることで顧客に迷惑をかけずにすむし、名前を忘れるなど失礼にあたることも予防できる。

「営業はやはり対面でなければ」と言うベテランが多いが、会議室を予約しないといけなかったり、自宅でリモートワークをしている場合には出社が必要になったりするなど、訪問されること自体がストレスになる客先担当者も多い。どうしても対面でなければという場合以外は、オンライン営業用の便利機能を活用するほうが双方とも便利でストレスも少ない。

さらにオンライン営業には大きなメリットがある。移動時間がなくなる分、より準備に時間をかけられたり、商談回数を増やしたりすることができる。また、企業にとっても営業マンにとっても事業を拡大できるメリットもある。日本の津々浦々はもちろん、言葉さえ通じれば世界中が商圏になり得るのだ。


オンライン営業の効果についての話は、予想以上に受講生たちの反応が大きかった。これまで既成概念にとらわれ、オンライン営業そのものに懐疑的だった経営者も顧客側のメリットの大きさに納得したようだ。

西田はさらに続けた。

「次にBtoB企業にとっては最大の集客手段の一つである展示会について話したいと思います。展示会には、自社開催型とイベント主催会社開催型の2種類があります。オンライン展示会も同様です。自社開催型はウェビナータイプ、イベント主催会社開催型はバーチャルタイプと呼ばれます」

ウェビナータイプは、1日に複数のウェビナーを製品やサービス種別に分けて開催するものだ。自社のみ、あるいはパートナー企業を集めて開催するのに向いているタイプであり、極めて自由度が高い。その分、集客は自社で行う必要があるし、展示会のための特設ページも自作しなければならない。

バーチャルタイプは、展示会場で行われる大規模な展示会をWEB上の仮想空間に再現するものだ。制約はあるが集客は主催者が協力してくれるし、同じテーマで多数の事業者が参加することから集客効果が大きい。他社との差別化が難しいところだが、それに成功すれば確度の高い見込み客を多数獲得することも可能だ。

「どちらのタイプでも工夫するポイントは同じです。目的はリード獲得ですから、アンケートを用意することが基本です。そしてアンケート回答者にはサンプルを送付したり、ホワイトペーパーを配布したりするなど、メリットを付与することです。質問や声掛けしやすい雰囲気づくりが重要ですが、これはオフライン以上に工夫が必要になります。また場所の制約がないので、直接商談の数がオフラインより増える可能性があります。それに対応できる人員を確保しておかないと機会損失につながります」

「機会損失」という言葉に経営者たちの動揺がうかがえる。厳しい言葉を使ってしまったかもしれないと思い、西田は言葉を選んで説明した。

「オンライン展示会が面倒だとか、年に何回も開催・参加できないというのであれば、BtoB向けのオンラインマッチングサイトを展示会の代わりに活用する手もあります。オンラインマッチングサイトはビジネスマッチングサイトともいい、商品やサービスを必要とする人（会社）と提供する人（会社）を仲介するサイトのことです。商品やサービスを提供する人は、そのサイトで決められたフォーマットやカテゴリで商品やサービスに関する情報を登録します。必要とする人はその情報を見て、提供者にアクセスします」

やみくもにWEB広告をしていても意味がない！

「続いて広告についてお話しします。

中小企業の場合、テレビ・ラジオ・新聞・雑誌の『4マス広告』よりもWEB広告を使っているという会社が多いかと思います。高い費用対効果が期待できるからですね。

［図表4］ WEB広告での顧客のステージ

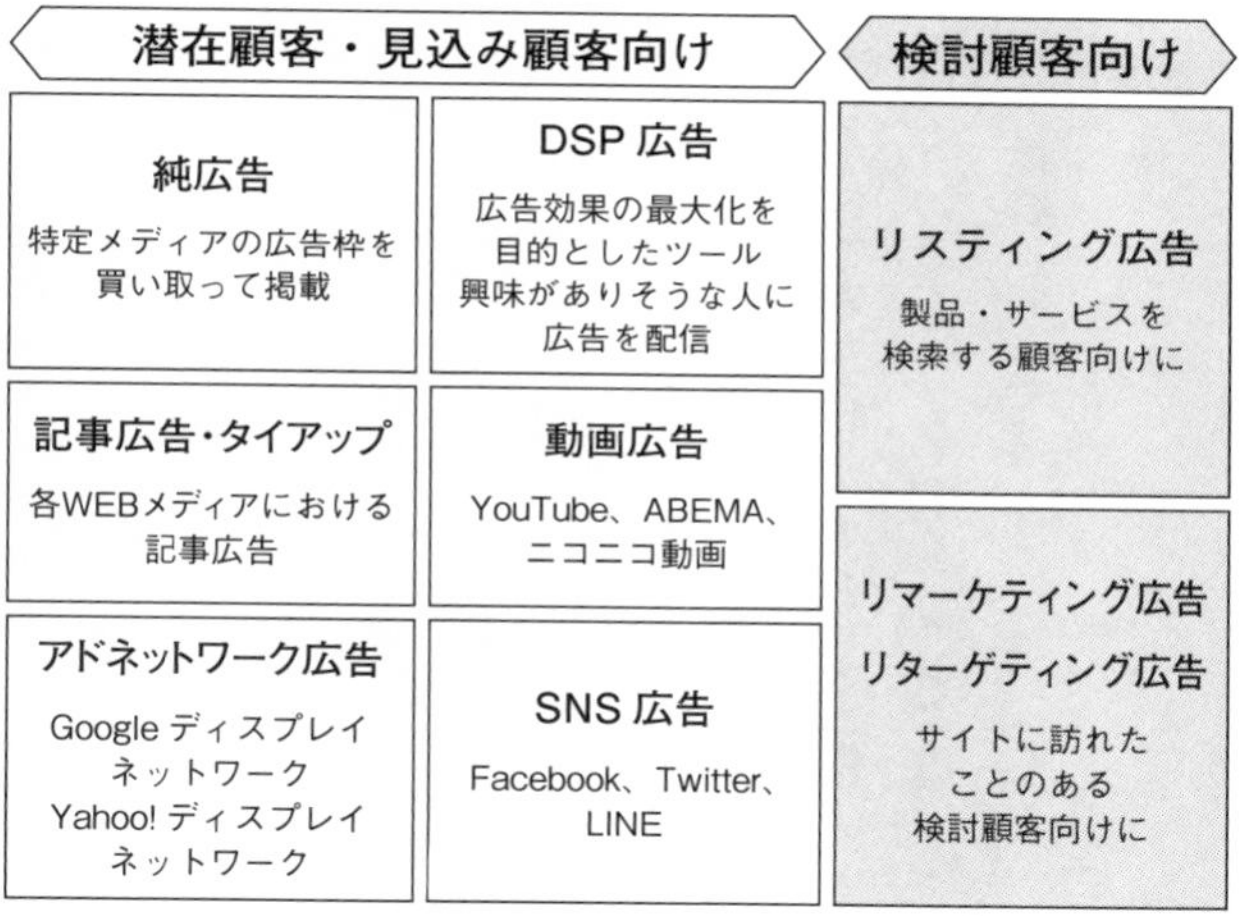

潜在顧客・見込み顧客向け		検討顧客向け
純広告 特定メディアの広告枠を買い取って掲載	**DSP広告** 広告効果の最大化を目的としたツール 興味がありそうな人に広告を配信	**リスティング広告** 製品・サービスを検索する顧客向けに
記事広告・タイアップ 各WEBメディアにおける記事広告	**動画広告** YouTube、ABEMA、ニコニコ動画	
アドネットワーク広告 Google ディスプレイネットワーク Yahoo! ディスプレイネットワーク	**SNS広告** Facebook、Twitter、LINE	**リマーケティング広告 リターゲティング広告** サイトに訪れたことのある検討顧客向けに

自社資料を基に作成

ただ、やみくもにGoogleリスティング広告やYahoo!リスティング広告のような検索結果と連動するリスティング広告ばかり利用しているとか、簡単で使い勝手が良いのでFacebook広告ばかり利用しているということでは、期待するほどの効果が出ないことがあります。なぜなら顧客のステージや目的によって最適な広告出稿先が変わってくるからです」

西田はセミナー画面に上の図表を映し、説明を続けた。

「大きく分けると、潜在顧客や見込み顧客のように検討が進んでいない顧客向けと、検討中の顧客向けの2つです。

まだニーズを自覚していない潜在顧客については、純広告やタイアップ記事が向いています。偶然目にした記事でニーズが喚起されることがあるからですね。

漠然としたニーズがあって情報収集をしている見込み顧客に向けては、DSP広告やSNS広告、動画広告などターゲティングができる媒体が適しています。アドネットワーク広告はノンターゲティングとターゲティングを選択できるので、ノンターゲティングは潜在顧客向け、ターゲティングは見込み顧客向けと使い分けるとよいでしょう。

検討が進んでいると考えられる顧客には2通りあります。

1つはWEBで検索している人、もう1つは自社サイトに訪れたことがある人です。WEBで検索している人にはリスティング広告、サイトに訪れたことがある人にはリマーケティング広告が有効です。リターゲティング広告ともいいますが、これは媒体によって言い方が違うだけで内容は同じです」

残された時間は少ないのに段階的に取り組んでいる時間はある？

セミナーはすでに一時間を経過している。西田は残りの質問の時間を考えて、最後のまとめに入った。

「ここまで、WEBマーケティングおよびオンライン営業の成功ポイントについて紹介してきました。

世はDX時代といわれています。最新テクノロジーとデータを活用したビジネス改革が求められているということです。『2025年の崖』という言葉もあり、それまでにDXを成し遂げられないとかなり厳しい未来が待っていると考えて差し支えないでしょう。そんななかで、どこから取り組んでよいのか分からない企業もあるかと思います。

DXはコストカットにも効果はあるでしょうが、売上を拡大させることのほうが相性が良いといえるでしょう。その意味では、マーケティングなどはDXのテーマとして真っ先に取り組むべきことの一つだと考えます。マーケティングDXで得られた知見と売上を活用して、ほかのテーマにも少しずつ取り組んでいくという流れは自然ではないでしょうか。

とはいえ、2025年まで残された時間はわずかです。御社が一刻も早く取り組みを開始されることを願っています。

私の話は以上となります。質問があればチャットからお願いいたします」

するとさっそく、西田のPCにメッセージの到着が通知された。

「WEBマーケティング導入のためには、WEBガバナンスのレベルを高める必要があるとのことでしたが、残り時間がわずかなのに悠長に段階を踏んでいる時間があるのでしょうか？」

西田は質問メッセージを読み上げてから、回答した。

「良い質問ありがとうございます。WEBガバナンスのレベルを上げるといっても、1・0と2・0は同時に進めることができます。弊社の無料診断を受けていただければ、課題が明確になりますので、そこから半年ぐらいで2・0に達することが可能です。それから3・0の取り組みを始めても十分に時間があると思います」

西田はほかにもいくつかの質問に回答したのち、挨拶をしてセミナーを終了した。

翌日、無料診断の申し込みがあった。申し込んだのは堀金製作所（仮名）代表取締役社長の堀金賢吉という男性で、申し込みフォームのコメント欄には次のような記載があった。

「昨日の西田さんのウェビナーに参加した者です。『残り時間がわずかなのに悠長に段階を踏んでいる時間があるのか』と質問した結果、まだ望みがありそうだと感じましたので無料診断を申し込むことにしました。よろしくお願いいたします」

西田にとっては、初のセミナーだったが、確かな手ごたえを感じていた。

［第3章］

コーポレートサイトを診断&分析！マーケティングを目的としたWEBサイトに改修する

多くのＢtoＢ企業のコーポレートサイトは単なる会社案内であり、マーケティングやセールスに貢献していません。それどころかブランディングに関しては、マイナスに作用しているサイトが数多く見受けられます。

とはいえ、ほとんどのサイトの問題点は共通しており、20項目ほどのポイントに集約することができるのです。ＷＥＢマーケティングの導入は、まずこれらのポイントについて確認し、問題点をどのように解決するかを考えることから始まります。

ページタイトル一つでアクセス数が変わる⁉

「それではさっそくですが、御社のコーポレートサイトの診断結果をご説明させていただきます。お手元の『ユーザビリティ調査報告書』を1枚めくっていただいて、まず目次をご覧ください」

西田は、神奈川県にある堀金製作所の役員会議室で、依頼されていたＷＥＢサイトの診断結果の報告を開始した。堀金製作所は誰もが知っている商品をいくつも製造・販売している刃物メーカーであり、ユーザーは法人と個人の両方にまたがっている。

堀金製作所からは、堀金賢吉代表取締役社長のほか、峰岸春香営業課長（WEB担当）が同席していた。

堀金社長は2代目で、今年40歳になったところだ。創業者である父は会長として代表権こそ保持しているが経営については堀金に一任しており、経営改革を断行したいという彼の考えにも賛同している。

峰岸課長は30代前半で、ITに苦手意識がある堀金社長が「マーケティング改革プロジェクトの主要メンバーにはデジタルが肌で分かっている人がよいだろう」と抜擢したのであった。

「調査報告書は、6つの章で構成されています。アクセス性、明快性、ナビゲーションの使いやすさ、コンテンツの適切性、ヘルプ・安全性、そして調査結果のまとめです。

まずはアクセス性から順番に確認していきます」

私の会社では、クライアント企業のWEBサイトの改善を提案する前に無料のサイト診断を行っている。そして、その診断結果をまとめたレポートを「ユーザビリティ調査報告書」と呼んでいる。

［図表5］　ユーザビリティ調査報告書

ユーザビリティ調査報告書　目次

1．アクセス性

1.1. ページタイトルは適切か

1.2. ディスクリプションは適切か

1.3. 存在しないページへの対応は適切か

1.4. 流入経路の確認

1.5. 各端末からのアクセス状況

1.6. コンテンツのアクセス状況

2．明快性

2.1. 主要ナビゲーションについて

2.2. ニュース等の表示の仕方について

2.3. トーン＆マナーの統一感について

2.4. 概要説明について

2.5. 入口の使いやすさ

3．ナビゲーションの使いやすさ

3.1. コンテンツの括り、情報構造、導線は適切か

3.2. パンくずリンクは最適か

3.3. リンクルールの一貫性

3.4. サイトマップ

3.5. 別サイトへの遷移、ポップアップについて

4．コンテンツの適切性

4.1. 見出しのルール

4.2. 文字サイズ、行間、読みやすさ

4.3. 1ページあたりの情報量

4.4. ユーザー視点であるか（専門用語が多くないか、見せ方が適切か）

5．ヘルプ・安全性

5.1. サポート・FAQが十分か

5.2. 問い合わせメリット、流れが適切か

5.3. 入力箇所が明示されているか

5.4. 個人情報保護方針などが適切に公開されているか

6．総括

6.1. 調査結果のまとめ

6.2. 総評

自社資料を基に作成

ユーザビリティとは「使いやすさ」という意味だが、ＷＥＢサイトにおけるユーザビリティに関しては、ISO 9241-11の定義がよく使われる。「ある製品が、指定されたユーザーによって、指定された利用の状況下で、指定された目的を達成するために用いられる際の、有効さ、効率及びユーザーの満足の度合い」というのがその定義である。要するに、「目的をもってサイトを訪れたユーザーが満足できるサイトになっているか」ということだ。

もう1つ大切なことは「指定されたユーザー」とあるように、提供企業側がどんなユーザーが来ているのか、どんなユーザーに来てほしいのかが分かってサイトを作っているのかということだ。

「ユーザビリティ調査報告書」の目次は基本的に決まっており、私たちはこの目次にしたがってクライアントのＷＥＢサイトをユーザーの視点でひととおり見て、専門家としての意見をまとめている。

「アクセス性の最初の項目は、ページタイトルの適切性です。まず良い点を挙げますと、御社サイトではすべてのページにしっかりとタイトルが設定されていました。ですが、最適なタイトルになっているかというと残念ながらそうではありませんでした」

西田は、堀金製作所のコーポレートサイト事前調査の結果から、まずは企業の良い点を挙げることを最優先とした。いきなり改善点を指摘されるのはあまりいい顔をされないだろうと判断したからだ。

「タイトルがそんなに重要なのか？」

「はい。タイトルはアクセス性を高めるために最重要の項目といえます。タイトル一つで検索順位も大きく変わってくるのです。これは検索エンジンが、まずタイトルで内容をある程度判断しているからだと考えられます」

検索エンジンのアルゴリズムは公開されていないのであくまで推測であるが、適切なタイトルに変更すると検索順位が上位になることは事実である。

「また認知度の高い項目、例えばブランド名を活かすと認識されやすくアクセス性が高まります。家庭用ページのタイトルでは、現在『家庭用商品一堀金製作所』となっていますが、『カッターナイフの家庭用商品一堀金製作所』としたほうがアクセス性が高まります」

「へぇー、そうなんですね」WEB担当である峰岸課長が驚いた声を上げた。

「はい。それと製品一覧ページですが、家庭用や建築用などジャンルが違う場合でも一律に『検索結果一覧一堀金製作所』と表示されますが、例えば『カッターナイフの家庭用商品一検索結果一覧一堀金製作所』と変更するほうが適切です」

「けっこう細かい配慮が必要なのね」

峰岸課長は溜め息をつく。

「そうですね。ですが『神は細部に宿る』という格言もあります。WEBページでは細かいことに配慮すればするほど結果も良くなりますので、努力のしがいがありますよ。またそのあたりを整えるためのツールも発達していますので、思うほど手間はかからないものです」

西田の答えに峰岸課長は安堵したらしく、笑みを浮かべた。

ちなみにホームページはHTML(Hyper Text Markup Language)という言語で記述され、タイトル・段落・見出しなどの文章の構造や太字・斜体字などの文字の表現方法などは、タグといわれる制御情報で表現される(例:<p>○○○○</p>→段落を意味する<p>~</p>を<p>タグという)。タイトルは、<title>タグで表現される。

クリック数を左右するディスクリプションとは？

「次にディスクリプションが適切かという項目に参りましょう」

「ディスクリプションとは何かな？」

ＩＴが苦手だという堀金社長も興味をもち始めたようだ。

「はい。検索結果の一覧では、まずＵＲＬが表示され、次の行にページタイトルが表示されます。その次にサイトの説明が出てきます。これがディスクリプションです。ホームページはＨＴＭＬにおいて『meta description』というタグで記載されている内容が表示されるため、一般的に『ディスクリプション』と呼ばれています」

「タイトルみたいに、検索順位に影響するのか？」

「いいえ。検索順位にはあまり影響しませんが、クリック率には大きく影響します。なにしろ検索した人はディスクリプションを見て、ＵＲＬをクリックするかどうかを決めるわけですから」

「では、いわゆる『煽り』っぽいディスクリプションを書けばいいいと？」

「それは逆効果です。あくまで内容と合ったディスクリプションにしないと、ユーザーの不興を買います。煽りでなくても内容と合っていなければ、このサイトは信用できないと判断されるでしょう」

西田はこれまでの経験からユーザーが求めるディスクリプションとはどのようなものかを理解していた。

「省略するとどうなるのですか？」

峰岸課長も前のめりになって質問をする。

「検索エンジンがコンテンツから適当に補います。どんなディスクリプションになるかはコントロールできませんので、内容と微妙にズレる恐れがあります。しっかりと書いておくべきです」

逆にディスクリプションとページのコンテンツが一致していて、ユーザーの閲覧動機と合致していれば、ユーザーはしっかりと読んでくれることになる。

「で、うちのサイトはどうなんだい？」

「残念ながら個別の商品ページにおいてディスクリプションの設定がされていませんでし

た。あと家庭用商品のトップページのディスクリプションが、サイト全体のトップページと同じ内容になっていました。これも適切とはいえません」

西田の的確な分析に、堀金社長は峰岸課長と思わず顔を見合わせた。

「早急に直します」と言って、峰岸課長は慌ててメモを取った。

「顧客向けのサイトは、売上増に貢献することが求められるものです。ＢtoＢの場合だと見込み客が増えていて、さらにコンペまで進んだ案件が増えているサイト、つまり集客ができているサイトが売上を生みます。これはビジネスの起点として、ＷＥＢが貢献しているということにほかなりません。展示会やセミナー、あるいはテレアポの役割をＷＥＢサイトが一部担っている状態になっているのです」

「ではどうすれば集客できるサイトを作れるのでしょうか」

堀金社長の質問に、西田は資料を指差しながら答える。

「まずＳＥＯがしっかりとできていることです。ここではリスティング広告も含めて考えます。検索結果でもリスティング広告でもどのような形でもよいので、自社のページが検索結果の上のほうに表示されることが最初のステップになります。

しかし表示されるだけで、クリックされなければ意味がありません。そこでディスクリプションが重要になってくるのです。リスティング広告の場合では、もちろんコピーの内容が重要になります。

クリックされてもディスクリプションや広告コピーの内容と食い違っていたら、ユーザーはすぐに離脱してしまいます。また読みにくかったり、分かりにくかったり、ユーザーのニーズと合わないものなら、たとえ読まれたとしてもユーザーの行動には結びつかない可能性が高いです」

「なるほどなぁ」と、ＩＴに疎い堀金社長も納得したように頷いた。

適切なエラーページが必要？

「続いて、存在しないページへの対応が適切かという項目についてです。御社の場合、改善すべき問題点はありませんでした」

存在しないページのＵＲＬを入力すると、「404 Not Found」といったメッセージが書かれたページが表示されることはよく知られている。これには、デフォルトページとカスタムページ（オリジナルページともいう）の2種類が存在する。

デフォルトページとはWEBサイトが稼働しているサーバーが表示するページで、サイト側で何もしなければこのページが表示される。一方、カスタムページはページが存在しない場合にサイト側で表示すると設定したページである。

［図表6］　エラーページの例

自社資料を基に作成

デフォルトページが表示されると、ユーザーはこのあとどうしてよいか分からない。サイト全体がなくなってしまったと誤解してそのまま離脱するユーザーもいるかもしれない。

しかしカスタムページが表示されれば、サイト全体がなくなったと誤解するユーザーはいない。そこに書かれている指示が適切であれば、ユーザーにとっての利便性が高まる。さらに便利で魅力的なカスタムページであれば、サイトのファンになるユーザーも出てくる。

「御社はカスタムページをうまく作成していらっしゃいました」

「なるほど。ページが見つからないようなことでも、逆にチャンスになり得るんだな。峰岸、頼もしいな」

「とんでもございません。ユーザーのことを考えたまでです」

堀金社長からの言葉に峰岸課長は軽く会釈をした。

流入経路から調節すべきことは直帰率と離脱率

「ではアクセス時の流入元の分析結果を見ることにしましょう。御社の場合、検索からのアクセスが80％と圧倒的に多く、直接アクセスつまりＵＲＬを直接入力またはブックマークをクリックしてのアクセスが14％、別サイトからの流入が５％、残りがＳＮＳからの流入となっています。どういうことかというと、なんらかの目的があって検索し、その結果から入ってくる人が極めて多いということです」

「なるほど。それは良いことではないのか？」

「はい。良いことではあるのですが問題がありまして、それは直帰率が53・7％と高めだということです」と、西田は分かりやすく説明を続けた。

直帰率と似た言葉に離脱率がある。この2つは少しややこしい概念である。

まずセッションという言葉を理解する必要がある。これは、あるサイトにユーザーが流入してきてから離脱するまでの一連の流れのことをいう。例えばあるサイトにA、B、Cというページがあったとして、①「A→B→C→離脱」、②「B→A→C→B→離脱」、③「C→A→離脱」、④「C→離脱」などがセッションの例である。このうち④のセッションのように1ページだけ見て離脱することを直帰という。

離脱率とは該当するページで離脱した割合のことだ。対象期間のセッションが右の①～④しかなかったとすると、ページA、B、Cの離脱率はそれぞれ、25％、25％、50％となる（全部で4セッションのうち、Aでの離脱が1回、Bも1回、Cは2回）。

直帰率は、あるページが流入ページだったセッションのうち、そのページしか見ていないセッションの割合のことである。右の例でいうと全4セッションのうち、Cが流入ページになっているのは③と④の2セッションである。そのうちCだけ見て離脱したセッションは、④の1セッションなのでCの直帰率は50%となる。A単独およびB単独のセッションはないので、これらの直帰率は0%ということだ。

「直帰率が高いとどんな問題があるのかしら?」

「検索で流入してきたユーザーは、流入ページを見て資料請求をしたり、ほかのページの情報を見ようと思ったりして入ってくるわけです。したがって、流入ページを見ただけで離脱するユーザーが多いということは、そのユーザーの閲覧動機に適していないということを意味します。閲覧動機を念頭においた調整が必要と考えます」

例えば確実な性能を求めているのに、流入したページでは価格訴求をしていたとしたらユーザーは直帰する。性能を求めているユーザーが多いのか、低価格を求めるユーザーが多いのかを知り、それに沿ったページ作りをする必要があるのだ。あるいはユーザーの閲覧動機に合わせて複数のページを用意するといったことも商品特性によっては必要になってくるのである。

「続いてどのような端末からアクセスしてきているかを見てみましょう。御社の場合、

PCからが54％、スマートフォンからが41％、タブレットからが5％という結果になりました。大きくPCとモバイルに分けるとほぼ半々ということになります」

どのような端末からアクセスしたかも分かることに堀金社長は意外そうな顔をした。

「個人ユーザーのアクセスは多いと考えていいのかな？」

「一般に企業ではPC、個人はモバイルと考えると、その推測は可能性が高いといえます。年間のアクセス状況を確認したところ、平日のアクセスが多く休日は減っていることが確認できました。これから考えると仕事として企業からアクセスする人のほうが多いと考えられますが、休日でも平日の半分程度のアクセスがありますので、個人ユーザーもかなりいると考えてよいのではないでしょうか」

法人客も個人客も存在する企業の場合、法人としての購入の意思決定にも個人客向けのブランドが力を発揮することが多い。「普段使っているあのブランドなら安心だし、稟議も通りやすいだろう」という考えがあるからだ。したがってBtoBマーケティングとは一見関係のない個人客向けのキャンペーンなども、回り回って法人営業に良い影響を与えるものなのだ。

離脱率が高い＝悪いページ？

「アクセス性の最後の項目として、アクセス上位ページと離脱率上位ページのランキングをまとめました」

「アクセス上位ページが良いページで、離脱率上位ページが悪いページということなのかしら？　離脱率と聞くとなんだか耳が痛いわ」

「必ずしもそうとはいえません。アクセスランキングが高くても直帰率の高いページは改善の余地があることが多いです。また問い合わせや申し込み、資料請求の確認ページであれば、離脱率が高いのは当然です。逆にＬＰのように次のアクションを誘導するためのページの離脱率が高いのは問題です。

したがって、ランキングを見るだけではなく、そのページの目的を踏まえて平均滞在時間なども合わせて分析する必要があります。今回のリストは、プロジェクトが始まったときに細かく分析する必要のあるページのリストととらえてください」

西田の指摘に峰岸課長も納得したように頷いた。

メインメニューからアクセスができない!?

「では続きまして、明快性に関する項目について確認していきましょう。まず主要なナビゲーションについてですが、残念ながら御社のサイトには改善すべき問題点が散見されました。大きく分けると3つあります。

1つ目は、スマートフォン対応ページのメニューが押しにくいことです。項目のボタンが密に並べられているため、手の大きな人や手袋をしている人には操作しにくくなっています。

2つ目は、サイト内検索が機能していないことです。御社のように商品点数が多い場合、サイト内検索は重要なナビゲーションの一つになります。しかしそれが現在は使えない状態になっています」

Googleや Yahoo! のサイト内検索の機能を利用している場合、サイト内検索の機能が壊れてしまうことがある。これはどちらも仕様変更が頻繁に行われるためで、変更の都度メンテナンスが必要なのだ。しかし追随できている企業は少ない。サイト内検索のための専用ツールがあるので、そちらを利用するほうがよい。

「サイト内検索が機能していないだけでなく、自社の情報が出てこない代わりに、競合他社の広告が表示されてしまう状態になっています。早急に修正を行わなければなりません」

「これも急ぎます」

「もう1つ、メインメニューからすべてのコンテンツにアクセスできる構成になっている必要があるのですが、現状の御社のサイトはそうなっていません。ページの最下部にあるナビゲーションメニューが代わりにその役割を果たしているのですが、それでは誘導性に問題があるといえます。これも早急な修正が必要です」

「直すところがけっこうたくさんありますね」

峰岸課長が堀金社長の顔を見ながら困ったように言うと、西田が助け船を出した。

「御社のサイトは問題の少ないほうだと思います。もっと多くの問題を抱えている会社が大半です。むしろ1人でよくやっているほうだと思いますよ」

コンテンツへ直接リンクを張る「お知らせ」は問題あり

「次にニュース等の表示の仕方についてです。これはかなり問題がありました。お知らせ（What's New）は、トップのお知らせ見出し一覧からお知らせとしての記事ページにつなげるのが一般的です。ところが御社のサイトではトップページからコンテンツへ直接リンクを張っています」

「それがどうして問題なのでしょうか？　そちらのほうがユーザーにとって使いやすいように思えますが」

「まずコンテンツが更新された場合、お知らせの見出しと内容が合わなくなる恐れがあります。またリンクされたコンテンツ側には通常、お知らせの見出し一覧に戻るための導線がありませんから、戻って来られなくなる恐れもあります。ブラウザの戻るボタンで戻っては来られますが、不親切と感じてそのまま離脱するユーザーも多いかと思います」

西田の細かい指摘に峰岸課長は感心したようだ。

なお、他社サイトの画像や動画などへの直接リンクは、そのサイトのサーバーに負荷をかけるのでマナー違反とされており、直接リンクを禁止しているサイトも多い。どうしても他社サイトの画像や動画を使いたい場合には、そのサイトの管理者に許可をもらって、複製したものを自社サイトに掲載すべきである。

みすぼらしいサイトの共通点はトンマナ

「続いて、トーン&マナーの統一感についてです。これも問題ありで、デザインを構成するパーツの一貫性が低く雑然とした、はっきり言ってしまうとみすぼらしい印象を受けます」

トーン&マナーは、略して「トンマナ」といわれることも多い。トーンは色調、マナーは様式という意味で、デザインやスタイルに一貫性をもたせるルールのことだ。色使い、丸枠・角枠の使い方、太線・細線・破線などの使い方、グラデーション処理の有無、フォント、文体（ですます調、だ・である調）などを統一するルールが必要となる。このルールが明確でないと雑然としたサイトになってしまい、西田が言うようにみすぼらしい印象を与えかねない。

「何代ものWEB管理者を経て、いろんな制作会社に依頼して、つぎはぎだらけで作ってきたから仕方ない面もあるんだ。どうすれば改善できるんだろう?」

「CSS（カスケーディングスタイルシート）ファイルというトンマナを記述したファイルを作成し、必ずそれを使用するルールにするのが一般的です。しかし、CSSの書式を習得するのも多少時間がかかりますし、人間がすることなので100%ルールが守られるとは限りません。CMS（コンテンツマネジメントシステム）というツールを使って管理するほうがよいでしょう。これはトンマナの統一だけでなく、サイト内部の構成を管理するもので、メインメニューから到達できないページをなくしたり、リンク切れを防いだり、画像や動画などを管理したり、サイトマップを作成したりするなど、サイト運営のためのさまざまな機能をもっています」

見れば分かることを書く必要はない

「続いて、商品・サービスの概要説明を見ていきましょう。御社の場合、商品ラインアップについてはイメージ写真を見ることで一目で理解できます。見て分かることをあらためて記載するのは一見親切なようですが、ユーザーの視点で見れば冗長です。それよりも必要な内容を適切かつ端的にまとめて提示するほうがずっと親切だといえます。

商品ラインアップからのリンク先である商品ページの説明も同様の傾向があり、もっと簡潔にまとめることが必要でしょう」

「文章力の問題もあるかと思います。内製が難しい場合には広告代理店に依頼すべきでしょうか？　ただ費用がけっこう……」

峰岸課長は心配そうに西田に尋ねた。

「広告代理店の場合、広告効果への責任も発生するので、そうそう安い価格では依頼できないでしょう。クラウドソーシングなどのマッチングサイトが充実してきたので、フリーランスに依頼する会社も増えています」

「フリーランスは管理が難しいと聞いていますが……」

「フリーランス管理のニーズに応えて、最近ではＦＭＳ（フリーランス管理システム）も充実してきました。そういうツールを活用してはいかがでしょうか」

「検討してみます」

これまでにない提案に、堀金社長も峰岸課長もコーポレートサイトの新たな可能性を感じ始めたようだ。

限られたスペースを有効活用しよう

「明快性の最後になります。入口の使いやすさという項目です。要するにコーポレートサイトの玄関であるトップページが使いやすいかということです。これについては先ほども指摘したように、メインメニューが使いにくいと同時に、ページ下部のナビゲーションメニューと重複する内容が多く、スペースを有効活用できていないといえます。

トップページはできるだけスクロールしないほうがよいものですので、LPなどと違って使えるスペースが狭いのです。しかしながらナビゲーションは複数あるほうが利便性が高いので、各ナビゲーションの役割分担をしっかり設計して、限られたスペースを有効活用しなければなりません。その意味でも、小さなスペースで重要なナビゲーションとして機能する『サイト内検索』は貴重です。御社の場合、これが壊れているので早急に修復するとともに、今よりももっと分かりやすい位置に移動することが必要です」

堀金製作所の2人は少し疲れてきたのか、口を挟まなくなったため、キリがよいところまで来たので、と西田はいったん休憩を取ることにした。

つぎはぎサイトは構造と導線を崩していく⁉

「それでは、ナビゲーションの使いやすさについて確認してまいりましょう。先ほど主要ナビゲーションについては確認しましたが、こちらはサイト全体で適切にナビゲートされているかという確認となります。まずコンテンツの括りや情報構造、導線は適切かどうかという項目です。

御社のサイトでは用途別に商品を探せるよう工夫されていますが、一言で用途といっても、個人用／法人用、対象別、素材別などさまざまな分類の仕方があります。御社の場合、このあたりの分類にあやふやなところがあり、商品探しを難しくしている面があります。用途・目的・成分・特徴など分類の基準を明確にし、ユーザーの目的に沿った探し方ができるように設計し直す必要がありそうです」

「全体的な見直しになりそうですね」と、峰岸課長が応じた。

「はい。ただ個々の商品ページはすでにありますので、先ほど申しましたように説明については見直すとしても、ここではナビゲーションの部分だけの修正となります。各業務用製品ページにおいては、用途で選ぶ際に専門知識が必要になりますが、詳しくない人は別途調べる必要があり、不親切といえます」

「説明を書いたほうがいいということですね」

「はい。さらに製品一覧ページでは用途や特徴の文章が途中で途切れている箇所が散見されます。比較検討が難しく、使いにくいです。またリンク切れが起きている箇所もけっこうありました。修復が必要です」

多数のページが存在するコーポレートサイトでは、その構造と導線が重要だ。しかし何年もかけてつぎはぎで作ってくると、構造も導線も崩れてしまう。できれば初期からCMSを導入することが望ましい。

「一方で御社の場合、パンくずリンクは適切に用意されており、この点については問題ありませんでした」

パンくずリンクとは、ページの上部に表示されるもので、コンテンツの階層をリスト化したナビゲーションのことである（例：HOME＞会社概要＞事業概要）。現在閲覧しているページがトップページから見てどの位置にあるかを示す目印となる。童話『ヘンゼルとグレーテル』で、森を歩くときに帰り道の目印のためにパンくずを落としたことにちなんで名付けられた。

パンくずリンクがあると、ユーザーはサイト内のどの位置にいるか一目瞭然となり、ほかのページへの移動も楽になる。

一貫性のないリンクルールで迷子が続出

「次にリンクルールの一貫性です。御社の場合、不適切なケースが2つありました。

1つは、リンクテキストに色がついている箇所とついていない箇所があること。

もう1つは、画像内からリンクしているように見えて、そのとおりリンクしている画像と、そうでない画像があることです。イメージが非常に似通っているので、ユーザーに誤解を与える可能性が高いといえます」

たかがリンクといってはいけない。そもそもリンクをクリックすればリンク先に移動できるというのがWEBの最大の特徴であり利点でもあるからだ。この「ハイパーリンク」

という概念がなかったらWEBはここまで普及しなかったとまでいえる。リンクが分かりやすいことはサイトを分かりやすくするための基本中の基本である。

サイトマップは検索結果を左右する

「次にサイトマップについてです。御社の場合、コーポレートサイトに後付けで商品サイトを組み込んだ形になっています。このこと自体はなんら悪いことではなく、メーカーのサイトではよくあることです。

問題はコーポレートサイトのサイトマップはあるのに、商品サイト側のサイトマップが存在しないことです。これもけっこうよくあることなのですが、ユーザーにとっても不便です。実はそれだけではないのですが、峰岸さん、ほかの問題が分かりますか？」

峰岸課長は飲み込みが早い。これまでの説明で自社のサイトの問題点に気づいてきたようだ。

「SEOに悪い影響があるということですよね。うっかりしていました」

「さすがですね。おっしゃるとおりです。検索エンジンはサイトマップを頼りにサイト内を自動的に巡回、情報収集します。サイトマップが実際と食い違っていると、存在するはずのページが存在しないとみなされる恐れがあります」

サイトマップを最新に保つうえでも、ＣＭＳの活用は必須といえる。

別サイトへの遷移は分かるように

「ナビゲーションの使いやすさの最後は、別サイトへの遷移についてです。御社では同一ウィンドウ内で別サイトに遷移していますが、これは不適切なので、早急に修正すべきです」

自社サイトからグループ会社やパートナー会社のサイトに遷移することもあるだろう。その場合には、別サイトへ遷移することが分かるようにすると同時に、別ウィンドウ（あるいは別タグ）でブラウザが開くようにすることも必要だ。そうしないと自社サイトなのか他社サイトなのかユーザーには分からず混乱する可能性がある。

見出しの出し方にもルールあり！

「それでは、続いてコンテンツの適切性について確認していきましょう。まずは見出しのルールに関してです。

御社のサイトでは、<h1>タグが多用されています。<h1>タグは、一般的にはそのページの表題として使われるという想定があり、Googleの検索エンジンもページの表題を探す場合には、<h1>タグを探しているという調査報告もあります。

したがって<h1>タグを多用すると、そのページの表題、すなわちテーマがなんなのかとらえにくく検索エンジンが混乱する可能性があり、ＳＥＯに悪影響を与える恐れがあります。<h1>タグは1つのページに1つにするといった適切な設定が望まれます」

<h>タグとは、ＨＴＭＬにおいて見出しを表現するタグである。<h1>～<h6>までの6つがあり、数字が小さいほど大きな括りとなる。Microsoft Wordの見出しスタイルと同様のものだ。

ＳＥＯの専門家の間では、「<h1>タグは1つのページに1つ」とよくいわれるが、こ

れは<h>タグで適切な階層構造を作ろうという意味にとらえるとよい。構造が明確だと検索エンジンもそのページの内容が理解しやすくなる。逆に、あまり考えずに<h>タグを使用すると、ページの内容が誤解されることにつながってしまう。

見やすい文字サイズや行間がある

「次に文字サイズや行間が適切で読みやすいかを見てみましょう。御社のサイトの場合、文字サイズは大きめですが、最近のトレンドで考えると標準的なサイズといえます。しかし行間は狭くて読みにくくなっています」

「行間はどれぐらい空けるのがよいのですか？」

「一般的にフォントサイズの60～75％前後が適切といわれています」

　WEBの文章で行間が狭かったり、改行や空行がなく文字がだらだら続いていたりすると読みにくいと感じられてしまうのだ。

「続いて1ページあたりの情報量についてですが、これは御社の場合問題はありませんでした」

「ちなみにどれぐらいが目安なのでしょうか?」

「1ページあたり1000文字程度が良いとされています。2000文字を超える場合には、ページを分割するなどの対策を考えるほうがよいでしょう。また最大でも画面をスクロールしたときに5画面分に収まることが望ましいとされています」

ただしプライバシーポリシーのようなページについては、長くなっても1ページに収めることが一般的である。

ユーザー視点になっていないサイトの共通点とは?

「コンテンツの適切性に関する最後の項目になります。ユーザー視点であるかどうかという観点で、専門用語の取り扱いや見せ方が適切かをチェックしました。御社のサイトでは、いくつか問題点があります。まず商品一覧や商品ページで、商品写真の抜けが散見されることです」

「画像がない場合には?」

「『Now Printing』の画像を入れてください」

「なるほど。確かにそういう画像が入れば、ユーザーにも細かい配慮がされていると判断されそうだな」

堀金社長も他社のサイトがどう工夫されているか、仕組みや意図が分かってきたようだ。

「また情報の伝え方や伝える順番、図解などの工夫が必要なページがかなりありました。これは別途一覧を提出いたしますね。法人関連のページでは専門用語を避けることが難しいので、お客さまサポートページ内にある用語集へのリンクを目立たせるといった工夫が必要です。あとは、おすすめ商品のページでいくつかPCでもスマートフォンでも表示されないページがありました。これは早急な修復が必要ですね」

そのほかによくあるのが、Flashを使ったコンテンツだ。Flashは動画やゲームを簡単に作成することができるため、以前はかなり利用されていた規格である。しかしHTML5という標準的な規格で同様の機能が提供されることになり、2020年に廃止された。

ところがあまりにも普及していたため、もはや動作しないにもかかわらず、いまだにコンテンツが残っているサイトがあるのだ。ユーザーから見ればノイズとなるので、早急に消去するか差し替える必要がある。

ユーザー視点の観点からは、「WEBアクセシビリティ」という概念も重要である。サイトを見ている人のなかには、視力の弱い方や目の不自由な方もいる。またデバイスや回線速度、利用しているソフトウェアのバージョンなど環境も人それぞれだ。例えば視覚に障がいがある人への配慮としては、WEBページの読み上げソフトがきちんと読めるようにする必要がある。画像には説明をつける（あるいは<image>タグの<alt>属性で代替テキストを指定する）といった配慮が必要だ。また読み上げソフトは同音異義語があると混乱するので、表現を変える（例「みにくい」：見にくい→見えにくい、醜い→美しくない）ことも推奨されている。

　視覚に障がいがない人に対しても、文字の色や、コントラストなどは配慮する必要がある。文章の読みやすさやリンクの見やすさなどもWEBアクセシビリティに含まれている。複数の読み方がある漢字は、ひらがなにするほうがよいなどの規定もある。

　まずは自分が提供側ではなく、ユーザーだと思って自社サイトをひととおり見ることが大切だ。しかし視覚に障がいがない人が視覚障がい者の立場で見るというのは困難である。そこでWEBアクセシビリティの規格を参照したり、実際に視覚障がい者などにアク

［図表7］　BtoB企業のWEBサイトの典型的な問題点

- □ デザインが統一されていない
- □ 老朽化が進み、トレンド感がない
- □ レイアウト、文字サイズ、余白、文字寄せなどにバラツキがあり統一感に欠ける
- □ 近年のPCの画面解像度に対応しておらず、サイトが小さく表示される
- □ 文字が小さい
- □ スマートフォン対応ができていない
- □ 「誰に何を」の明確性の欠如
- □ すでに自社を理解してくれている顧客・取引先向けのカタログサイトになっている
- □ 新規開拓顧客への積極的な訴求ではなく、得意先に見てもらうための受け身の内容になっている
- □ 閲覧ニーズへの対応ができていない
- □ 顧客が求めている商品・サービスへの誘導性が低い（導線設計ができていない）
- □ コンテンツの分類が不十分、または分かりにくい
- □ Flashコンテンツなど今は見ることができなくなったコンテンツが散見される
- □ 求めている情報を探しにくい
- □ サイト内検索が使い物にならない
- □ ナビゲーションが分かりにくい
- □ メニュー構成が分かりにくい
- □ サイトマップがない、あるいはページが網羅されていない
- □ 購買意欲・問い合わせ意欲への訴求性がない
- □ 検討中・探索中の見込み客に対する情報が少ない
- □ 問い合わせや資料請求への導線が分かりにくい
- □ 問い合わせフォームの入力が不便だったり必須項目が多過ぎたりする
- □ セキュリティが脆弱
- □ SSL対応ができていない

自社資料を基に作成

セスしてもらったりすることが大切である。その一方で、視覚障がいがないユーザーの声を聞くことも忘れてはならない。

ほとんどのBtoB企業のサイトがこのレベルということは……

「最後に、ヘルプやサイトの安全性に問題がないかを確認しましょう。まずサポートやFAQ（よくある質問）に関しては、改善すべき問題点はありませんでした。商品に対するQ＆Aは網羅的で内容も分かりやすいです。また、商品に関する基礎知識や用語集なども充実していると感じました。電話やメールでの相談窓口など適切なサポート体制も整っています。問い合わせの流れに関しても、コンテンツに合わせて問い合わせ先が明示されていて、問題ないといえます」

「ユーザーサポートが充実しているのは良いことだ。すばらしい」

「はい。おっしゃるとおりです。ですが、いくつか問題もあります。お問い合わせフォームですが、入力箇所は分かりやすいですし、入力項目に関する補足説明もしっかり書かれています。ただ住所が必須項目となっており、これには違和感があります」

「それはお問い合わせに対して資料を送付する際に必要と考えたので……」と、峰岸課長が答えた。

「そうであれば、資料請求のためのフォームを別途用意して、PDFでなく紙の資料を希望される方だけに記載いただくほうがよいと思います」

「なるほど。確かに問い合わせに対してすべて紙の資料をお送りする必要はないですね」

問い合わせフォーム、資料請求フォーム、購買申し込みフォームなど入力を求めるページをエントリーフォームという。ここで8割の人が離脱しているという調査結果もあるぐらいで、少しでも入力しにくいとさっさと諦めて、別の企業のサイトに行く人が大多数なのである。エントリーフォームではできるだけ入力項目を減らし、それぞれの項目については入力しやすいように設計しなければならない。不要な項目を入力必須にするのは論外だといえる。

「もう1つ。『個人情報保護方針について』というページがありますが、2017年の改定に伴う個人情報保護委員会からのガイドラインを踏まえてないように思われます。現状、個人情報の利用目的についての表記がありませんが、ユーザーが送信ボタンをクリックする前に利用目的を示す必要があるのです。また、個人情報に関する問い合わせ先がメールだけになっており、これも不適切です。もう一度新しいガイドラインを参照して、見直す必要があります」

コンプライアンスの観点から、法令が改正された場合にはできるだけ早く（できれば事前に）対応することが求められる。

堀金製作所の2人の顔を交互に見ながら、西田はあらためて顔を上げて言った。

「最後に総括を申し上げますね。少し厳しい言い方になるかもしれませんが、ひとまず最後までお聞きいただければと存じます。

改善すべき問題点がない項目もいくつかありましたが、全体的に評価が芳しくありませんでした。あくまで印象ですが、誰に向けたサイトなのか、誰が利用するサイトなのかということがはっきりせず、ちぐはぐに感じられます。

企業からのアクセスが多いといえますが、企業以外のアクセスも一定数ありますので、トップページやメニューを工夫してユーザーを振り分けるようにすることで、両方のユーザーが満足できるサイトにすることができます。その結果、ブランド価値が向上するはずです。

また御社は多種多様な商品をおもちですが、現状の導線ではなかなか目的の商品にたどり着けないユーザーも多いと考えられます。適切なカテゴライズやジャンル分け、ユーザーの目的に沿った導線などで誘導性を高める必要があります。商品情報ページにおいては、商品の問い合わせがすぐに行えるようにする必要もあるでしょう。目的の商品に誘導することはもちろん、ほかの商品に対する潜在ニーズを引き出すような仕掛けも欲しいところです。

まとめますと、商品紹介サイトの利用価値をあらためて見直し、営業支援ツールとなり得るようなサイト戦略を立てていくことが御社の喫緊の課題だと結論づけました」

西田の言葉を聞いた堀金社長は、非常に晴れやかな表情だった。

「西田さん。ありがとうございました。ずっとモヤモヤしていたことが、あなたの調査と説明でクリアになりました。かなり厳しい言葉を頂戴しましたが、弊社にとってはすばらしい刺激になりました。明日、いや今日からでも改善・改革に取り組んでいきたい。引き続きご支援をお願いできるかな？」

「ありがとうございます。全力でご支援させていただきます」

「しかしこれほどひどいとは思っていなかったわ。これは大変なことになったわね」

峰岸課長はもう少し良い評価をもらえるかと思っていたようで、落胆の表情を隠せていない。

「先ほども申し上げましたように、日本のBtoB企業のほとんどが御社よりさらに多くの問題を抱えています。御社にもご指摘しましたように、誰に向けて何を訴えたいのか分からないサイトがほとんどなのです。まずその点を見直したうえで、今回ご指摘した課題を一つひとつ解決していけば、それだけで見違えるように結果が出るはずです。なにしろ、のびしろしかないのですから必ず成果が出ます。その意味では、今から取り組むこと自体が大きなチャンスなのです」

「どれぐらい時間がかかるだろうか？」

「御社の取り組み方にもよりますが、半年ぐらいで結果が出てくると思います。そのための体制や進め方を提案させていただけますか？」

「半年？　あっという間だね。頼みます。ところで、それができたら、先日のセミナーで言っていた『WEBガバナンス2・0』に達すると思っていいのだろうか」

「はい。そのようなご提案をさせていただく所存です」

西田も笑顔で返事をした。

［第4章］

予算・ツール・体制・人材……WEBマーケティング導入プロジェクトの進め方

ＷＥＢマーケティングの導入プロジェクトを開始するといっても、多くの中小企業は人材不足で二の足を踏むことになります。

しかし諦めないでください。ＢtoＢ企業におけるＷＥＢマーケティングの導入は、実は少数精鋭のチームで進めることができます。ただし、いくつか条件があります。

第一は、複数のフェーズに分けて無理なく段階的に進めること。次に、初期フェーズにおいては経営者がしっかりと関与すること。さらに、最低一人でかまわないので専任要員をアサインすること。そのうえで、「伴走」してくれるパートナー企業を見つけることです。

旧サイトと新サイトを一気に統廃合するのは危険

ユーザビリティ調査報告の内容が好評を得て、私たちは堀金製作所のＷＥＢサイトリニューアル支援の提案を依頼された。

それから1週間後、堀金製作所の役員会議室で西田はプレゼンテーションを行っていた。堀金製作所側のメンバーはユーザビリティ調査報告のときと同じ、堀金社長と峰岸課長である。定番の会社紹介が終わり、要件の確認に入ったところだ。

「まず予算についてですね。WEBマーケティングにおいては予算も大事なポイントです」

WEBマーケティングを導入するといっても予算をどうやって、またいくら捻出したらよいか分からないという経営者やマネージャーは多い。

「WEBマーケティングを始めるぞと意気込んでも、お金が天から降ってくるわけではないので、銀行から借りるかすでにある予算から捻出するしかありません。広告宣伝費の一部をWEBマーケティングのための予算に充てることが多いですが、まずは1割ぐらいを上限として始めます。

とはいえ根拠が必要です。そのためにはまず優秀な営業マンが月に平均で何件ぐらい見込み客を獲得しているか、その単価はどれぐらいになるかを計算します。正確に計算するのは難しいので、大まかで問題ありません。人件費として月80万円の営業マンが毎月8件獲得しているとしたら、すべてが見込み客の獲得費用ではありませんから、1件あたり5万円ぐらいという見当になります。

それをツールで行うなら、ツールの運用コストとしては1件あたり2万円ぐらいが目標としては適正ではないかと思われます。ツールで獲得する見込み客の目標として月10件とするならば、月額20万円、年間２４０万円という計算になります。これはツールの運用費の予算であり、そのほかにも導入費用、社内スタッフの人件費などもかかってきます。それらを積み上げれば、年間コストが計算できることになります。実際の取り組みを見る限り、年間何千万円もかかることはないようです。大切なことは、目標ありきで予算を決めていくことです」

「なるほど」と、峰岸課長がメモを取りながら頷いた。

「次にＷＥＢサイトのリニューアル範囲ですが、コーポレートサイトとして全社的に管理されているホームページのみを対象とします。いくつかの商品で担当部門が立ち上げた商品専用サイトがありますが、それらはコーポレートサイトのリニューアルに伴い運用体制や運用ルールが確立してから、順次統廃合していくことにいたします」

「なぜ一遍にやらないんだ？」

「自分たちで立ち上げたサイトには思い入れがあるので、いきなりコーポレートサイトに統合するとなると反発する人も出てくるかもしれません。十分な調整をしないと反対勢力となり、コーポレートサイトのリニューアル自体の遅れや失敗につながります。将来的には統合することを予告しつつ、ベースとなるサイトをリニューアルしている間に担当部門の意見を吸い上げるのです。それを基に、彼らが納得する運用体制とルール作りを行うほうが生産的ですし、後々禍根を残さずに済みます」

堀金社長は無言で大きく頷く。その様子を見た西田は一息入れて、追加の質問がないことを確認してから、次に進む。

BtoBなのに個人ユーザーを意識する⁉

「続いてメインターゲットですが、これは御社商品のユーザーである製造業者です。具体的なプロフィールについては、プロジェクトが開始してから明確にします。進め方としましては、まず顧客別売上ランキングを作成し、売上全体の80%を占める上位顧客を明らかにし、その共通点を調べます。さらに御社の差別化要因を組み込んで、どのような顧客に訴求するかを、ペルソナという形で具体化します」

「ペルソナとは何かな?」

「年齢・性別・地域・課題などを具体的に設定した人物像です。ＢｔoＢの場合は顧客企業とその担当者の両方のペルソナをつくります。ペルソナをつくる目的は、プロジェクトメンバーの間でターゲット像を食い違いなく共有することです」

「アクセスユーザーの分析で、弊社は個人ユーザーも多いということだったと思うけど、そちらはどうするのかしら？」

「良い質問ありがとうございます。今からそれをご説明しようと思っていました。個人ユーザーもターゲットとして重視します。というのは、個人ユーザーにも売れている商品があることは、企業にとって大きなブランド価値があるからです。ただ、現在のサイト構成では、法人と個人のどちらを向いているのかよく分からないという欠点があります。そこで、入口は法人向けと個人向けの２つに分けることにします。そうすることでコンテンツやナビゲーションを最適化するのです」

達成すべき目標は４つ！

「次にＷＥＢサイトの個別要件を確認させてください。大きく４つの目標があると認識しています」

提案書には以下の４つの目標が提示されている。

・導線をしっかりと作り、訪問者が迷わないようにする
・見れば分かる、認識性の高いコンテンツやメニューにする
・最新情報・お知らせは1年以内の情報にする
・会社全体で顧客をサポートしていることを表現する

サイト診断の結果から導き出された目標だが、ＷＥＢガバナンス２・０に至っていない企業では、だいたいこの４つのどれか、もしくはすべてが当面の目標となる。

「これらの目標を達成することがコーポレートサイトリニューアルプロジェクトの目的となります。そのためにスマートフォン閲覧に適した作りにしたり、ＳＥＯ対策を盛り込んだりしていきます」

ＳＥＯ対策については、まずはコンテンツを検索キーワードにしっかり合わせて作り込

むべきである。検索エンジンのアルゴリズムは公開されていないが、Googleをはじめとする検索エンジン作成者の最大の目標は、キーワードに適合したコンテンツを、適合している順番にリストアップすることだからだ。

このことを念頭においたうえで検索エンジンに「優しい」、すなわち適合度を判定しやすい作りにすることが重要である。項目としては、タイトルやディスクリプションを分かりやすくする、サイトマップを常に現状と合うように更新する、見出しタグ（<h>タグ）を適切に使用してコンテンツの構成を分かりやすくする、などがある。

「今回導入をおすすめするツールの説明はあとでいたしますが、先日ご紹介した『ＣＭＳ』と呼ばれるものになります。これはＷＥＢサイトのコンテンツを一元的に管理するもので、コンテンツの閲覧・作成・修正・削除・リンク管理などが行えます。ＣＭＳを導入するにあたっては、単に現状のサイトコンテンツを書き直すだけではなく、営業部門がもっている販促コンテンツの棚卸しも行います。その目的としては現状コンテンツの見直しもありますが、次のステップでＭＡツールを導入するための基礎づくりもあります」

ＭＡはMarketing Automationの略で、マーケティングに欠かせない情報提供をリード

（見込み客）の状況に合わせて自動的に行うことである。ＭＡツールはその自動化を実現するために、リードの行動を数値化するスコアリング機能、スコアリングでの基準点到達など任意で設定した起点に合わせてアクションを実行するシナリオ機能などをもつ。リードの行動をスコアリングしておき、一定のスコアになったら実行するアクションを定義したものをシナリオという。ＭＡツールは、シナリオを定義する機能と、そのシナリオどおりにコンテンツの配信を行う機能をもつ。

ＭＡの実現のためには大量のコンテンツが必要である。西田が「基礎づくり」と言っているのは、その大量のコンテンツの元を販促コンテンツの棚卸しで集めておきましょうという意味なのである。

マーケティング活動を自動的に行えるツール

「『ＭＡ』という単語は最近よく聞く印象があるので、もう少し詳しく教えていただけますか？」

峰岸課長の質問に、西田は資料を準備しながら答える。

「かしこまりました。まずＭＡツールがそういう経緯で生まれたものなのか、説明いたしますね。リード（見込み客）がコンバージョンに至るまでには行動心理の変容があり、その時々の心理状態に最も合った情報を提供し続ければ、コンバージョンに至る確率が高まるというのは、昔から知られているマーケティングおよびセールスの鉄則です。

しかしながらリードが今どのような心理状態にあるかを知ることも難しいですし、タイムリーに情報提供することも大変です。例えば営業マンが客先を訪問して、雑談も含めた会話のなかで顧客の心理状態を探りながら、カバンに詰めた大量の資料のなかからそのときにふさわしいと思われる資料を渡す――というやり方がＢtoＢビジネスの王道だったわけです。

しかしこのやり方だと優秀な営業マンでも同時にせいぜい十数社、経験不足な人なら数社しか対応できませんでした。ところが、ＷＥＢマーケティングが進歩するにつれてリードの行動データが蓄積できるようになり、そこから心理状態も高い確度で推測できるようになってきました。そうなると情報提供のコンテンツもＷＥＢ上に設置して、推測される心理状態に応じて自動的に配信すればよいと考える人が出てきました。

このためのツールがＭＡツールであり、Ｅ社が１９９９年に初めて市場で成功して以来、アメリカを中心に次々と普及しました。MAツールの登場により、1人でも数千～数万社のリードに対応することが可能になったのです」

日本では2015年頃から一般的に知られるようになり、市場規模は年々拡大しているが、2020年の導入率は15％程度（マーケティング担当者向けWEB媒体「エムタメ！」の調査による）だった。まだまだ普及半ばといえるが、コロナ禍の影響で2020年に導入が進んだと同調査は述べている。

集客からホットリードを送客するまでの流れ

「MAツールが何をするためのものなのかということですが、まずリードの行動心理には、大きく3つの段階があります。

最初の段階が『情報収集』で、続いて商品に対する『興味・関心』をもつに至り自分のニーズがある程度明確になると『比較・検討・絞り込み』の段階に至ります。この段階でのリードは、購買意欲の高い『ホットリード』と呼ばれる状態になります。ホットリードは成約確度が極めて高いため、営業マンは効率的に商談を進めることができます。

［図表８］　MAの基本思想

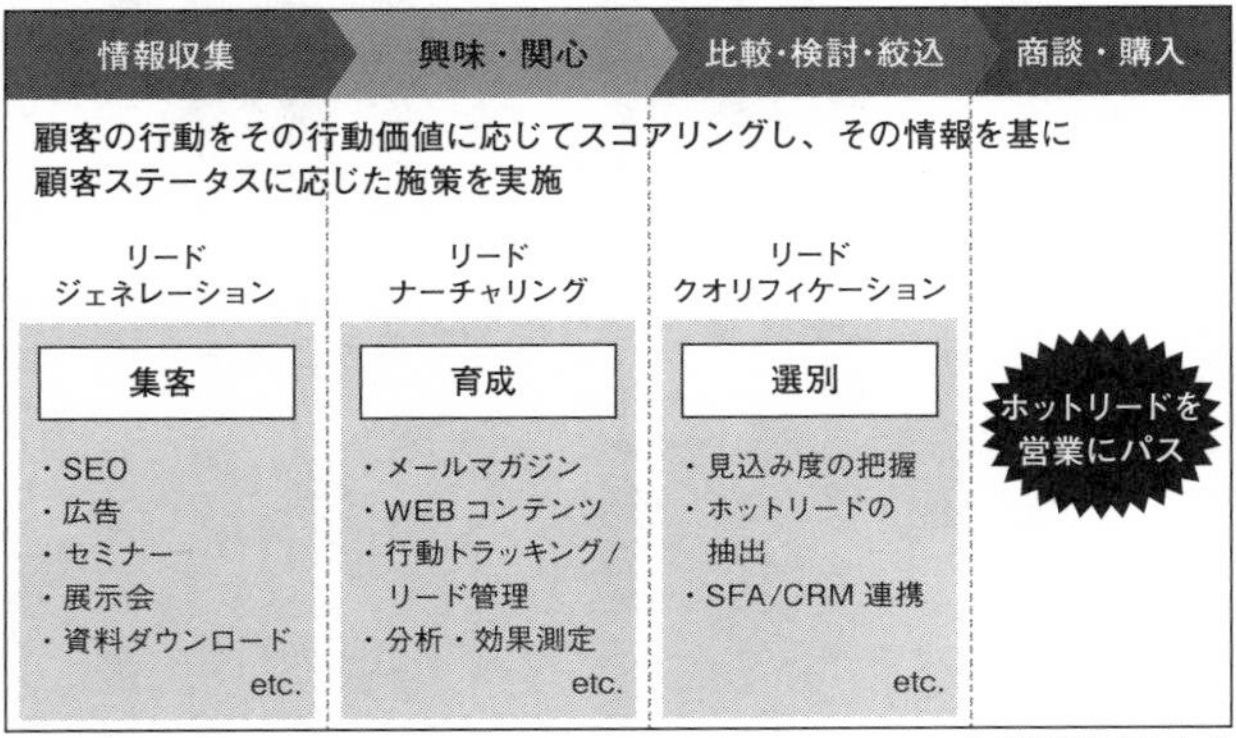

自社資料を基に作成

ホットリードになるまでをマーケティングが面倒を見て、ホットリードになったら営業にパス（送客）するというのがMAの基本思想です」

「具体的にはどのようなことをするのでしょうか？」

峰岸課長が資料を指差しながら西田に質問した。

「リードが情報収集をしている段階では提供企業側はSEOや広告、セミナー、展示会、資料の無料ダウンロードなどの手段を使って集客に努めます。このことをマーケティング用語では『リードジェネレーション』と呼びます。この段階での企業側の目標は、メールアドレスやLINE IDなど情報送信のための個人情報を獲得することです。

リードの送信先情報が分かれば、商品への興味・関心をもってもらえるようにメルマガやメッセージを定期的に送信します。メルマガやメッセージにはあまり詳しい情報は載せずに、その中に記載したリンク先の情報を見てもらうことが目的です。リードがどの情報を見たかはＷＥＢであれば簡単に分かります。見た情報によってスコアをつけておき、今スコアがいくつになっているかをＭＡツールは常時モニターしています。リードそれぞれのスコアを上げていくことを育成といい、マーケティング用語では『リードナーチャリング』と呼んでいます。

スコアをモニタリングしつつこれまで見てきた情報が何かを分析していると、比較・検討・絞り込みに入ったホットリードを特定することができます。これを選別といい、マーケティング用語では『リードクオリフィケーション』と呼びます。ホットリードが選別されると、ＭＡツールは自動的に営業に対して、アラートとともにホットリードの個人情報を送ります。メールで送ることもできますし、営業部門でＳＦＡ（営業支援ツール）を使っていれば、そちらにデータとして送ることも可能です。

以上が集客からホットリードを送客するまでの流れです。リードジェネレーションまでは従来の方法で行い、リードナーチャリングとリードクオリフィケーションを自動化することがMAツールの役割となります」

MAツールはすぐに導入しなければいけないの？

「それではMAツールを導入していない企業はすぐに導入しなければならないのでしょうか？」

「そんなことはありません。むしろ、WEBガバナンスのレベルが低いのにいきなり導入しようとしても失敗します。事実、高い費用をかけてMAツールを導入したが使いこなせなかったので、現在は使われていないという企業は珍しくありません。

MAツールというのは、情報提供によってリードと信頼関係を構築し、購買意欲を高めていくということを効率的に行うためのツールです。したがって情報提供のためのコンテンツが整理されていることと充実していること、さらにコンテンツの追加や更新が簡単にできることがMAツールを導入する大前提なのです。

大前提を実現するための基礎工事がCMSの導入です。私たちの会社では、ユーザビリティ調査を受けた企業のほとんどにCMSの導入を提案しています。ほとんどの企業が基礎工事ができていないからです。

一方で基礎工事さえできてしまえば、コンテンツのデータベースが出来上がるので、それをさまざまな用途に使えるようになります。

また基礎工事のタイミングで、コンテンツの棚卸しも行います。営業部門はマーケティング用コンテンツの宝の山です。探せばMAにも流用可能なさまざまな資料が発掘されます。CMSがあれば、それらを効率的にWEB上のコンテンツに変換することが可能になります」

MAについては、WEBガバナンス2・0を達成してから取り組むことだ。「急がば回れ」ということわざどおり、そのほうが早く成果が出るようになる。

ただし自社だけで導入し、使いこなすのはやはり難しいようで、前述の調査でも「MAツール導入時に専門家の意見が必要」と回答した導入企業が81%もあった。したがって導入に関しては、信頼できるサポート・パートナーがいると心強いはずである。パートナー選びの際にはもちろん提案内容と見積額が最大の選定要因ではあるが、見逃してはいけない重要なポイントがいくつかある。

まずは相手と話をしているときに自分の目線がどこにあるかが重要だ。商談と感じるならパートナーとしてはふさわしくない。一方、相談と感じるのならこれは長く付き合える相手である。定性的・主観的な判定法ではあるが、これが意外と重要で、正解率も高い。

「DX時代だからこそ重要なポイントもあります。よくDX成功の必要条件は内製化だといわれますが、これはなんでもかんでも社内の人間で作るという意味ではなく、使うべきところは外注も使いながら、社内人材主導でプロジェクトを進めていくという意味合いだと考えます。できるだけ外注しないためにツールを使ったり、外注したりする場合でも社内に常駐してもらってワンチームで取り組むなども内製化の一環ですね」

「なるほど。そういう意味ではコロナ禍ではオンラインツールの共同利用が常駐の代わりとして確立してきましたね」と、堀金社長がつぶやいた。

「おっしゃるとおりです。大切なことは社内だけで意思決定できるノウハウをもつということであり、そのことによって外注に委託するよりも早く成果を得られるようになるということです。そうなるためには、ともにプロジェクトを進めながらスキルトランスファーもしてくれるパートナーが必要だと考えておりまして、このようなパートナーを私たちは『伴走型のパートナー』と呼んでいます」

「伴走型ですか、なるほど。確かにそういうパートナーがいると心強いですね」

峰岸課長が堀金社長に声を掛けると、社長は大きく頷いた。

見えるところはもちろん、見えない側も大切！

「この4つの目標を踏まえて、サイトリニューアルの戦略を述べさせていただきます。戦略はフロント側とバックエンド側の大きく2つに分かれています。フロント側とはユーザーから見える部分、すなわちWEBサイトそのものに関する戦略で、御社への期待と信頼感を高める仕組みをつくるというものです。具体的な施策としては、デザインの刷新によるイメージアップ、画面や導線の見直しによる情報伝達力の強化、商品検索の見直しやスマートフォン対応による利便性の向上の3つを挙げました。

バックエンド側とは、ユーザーからは見えない運用に関する戦略で、今後頻繁になって

［図表9］　サイトリニューアルのフェーズ

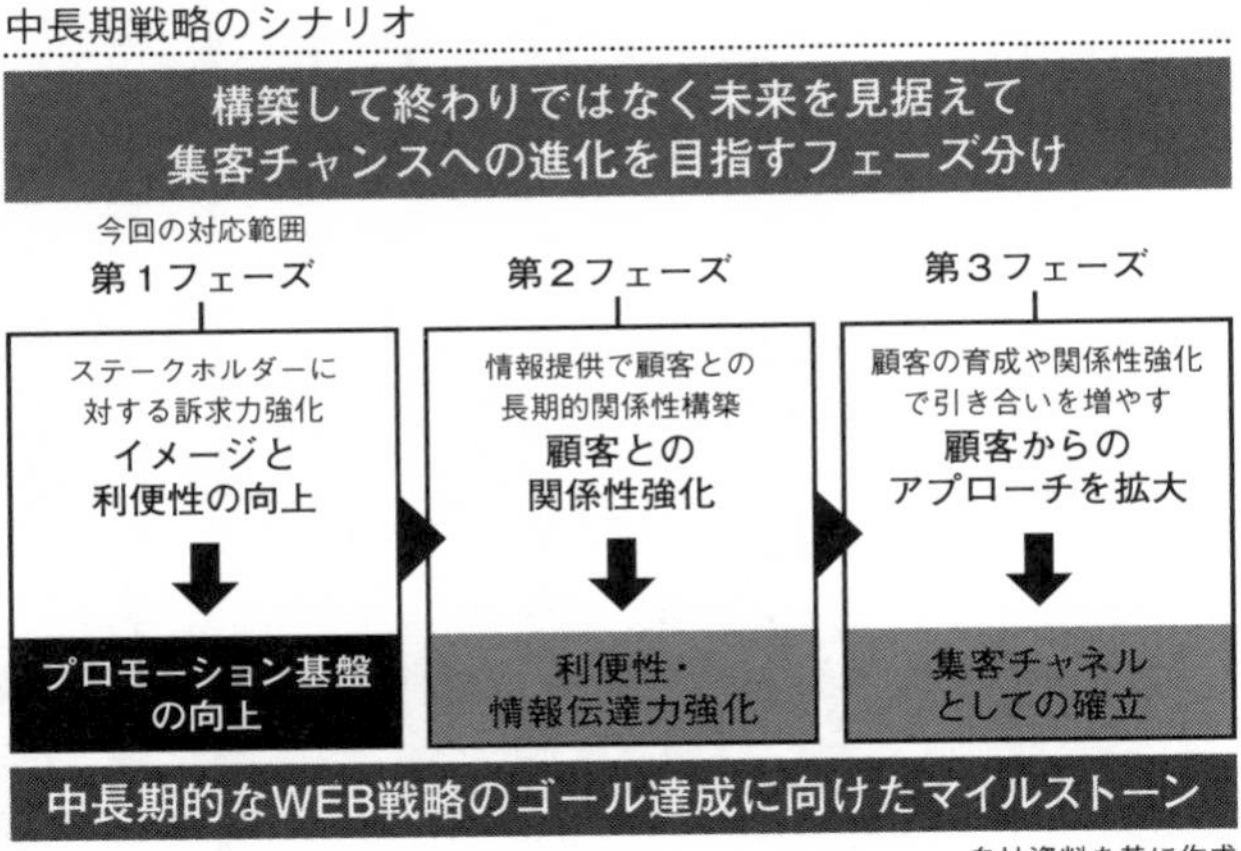

自社資料を基に作成

いくであろうサイト更新や運用および保守を支える仕組みづくりとなります。CMSによるコンテンツ更新の自走化、各種ツールによる高いセキュリティの実現、また弊社をはじめとするパートナーによる万全のサポートの3つを挙げています」

「以上が、今回のプロジェクトにおける取り組みとなります。これを第1フェーズとします。第1フェーズがしっかりと完了することが前提となりますが、中長期的な戦略として第2フェーズ、第3フェーズも定義しております。

第2フェーズの『情報提供で顧客との長期的関係性構築』の主役となるものが先ほど申し上げたMAツールであり、すでに導入しているCMSと併用して、サイトの利便性と情報伝達力を強化しようというのが第2フェーズとなります。

そして第2フェーズで充実させたコンテンツを武器にWEBサイトを集客チャネルとして確固たるものにしていくのが第3フェーズとなります」

WEBガバナンスに当てはめると、第1フェーズが1・0と2・0の達成のための取り組み、第2フェーズが3・0達成のための取り組み、第3フェーズが3・0達成後の取り組みとなる。

情報伝達力強化のためのコンテンツ配置には順序がある

「続いてフロント側戦略、すなわち御社への期待と信頼感を高める仕組みをつくるためのサイト設計方針について説明します」

「フロント側戦略を遂行するためには、3つの施策がありました。

1番目はイメージアップです。そのための設計方針は2つあり、1つは認知性と情緒

[図表10]　情報伝達力強化のためのコンテンツ配置の順序

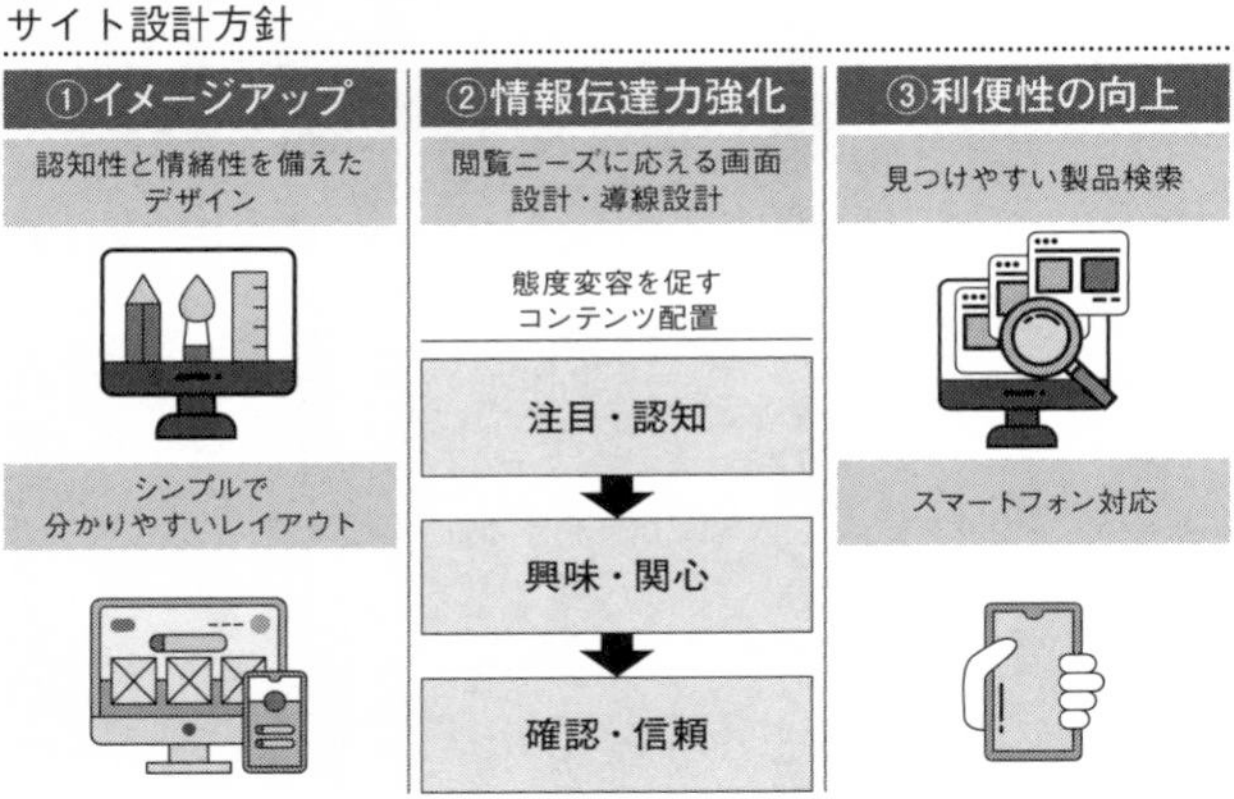

自社資料を基に作成

性を兼ね備えたトレンド感のあるデザインを採用することです。言い方は悪いですが、『古びたWEBサイト』では、見る人は『この会社はやる気があるのか？』と疑うことになります。進取の気性を目で見える形で示すことで顧客ロイヤリティを高めることができます。

もう1つは、シンプルで分かりやすいレイアウトにすることです。無駄を省いた分かりやすいレイアウトは、いちばん知りたいことを的確に伝える、そして早く見つけるというニーズにも適います。さらにユーザーの時間を節約することにもなるので、御社への信頼感を高めることにつながるはずです。

施策の2番目は、情報伝達力強化です。それにはユーザーの態度変容がどのような順序で進んでいくかを理解する必要があります。いきなり売り込んでも買ってもらえないのは、売る側としてでも買う側としてでも経験があろうかと思います。まずは商品に注目し、認知してもらわないと話になりません。続いて興味や関心をもってもらい、いろいろと調べてもらえるようにしなければいけません。最後に自分自身のニーズを確認し、信頼してもらって、ようやく行動に至ることになります。この『注目・認知→興味・関心→確認・信頼』の順序を踏まえたコンテンツ配置を心掛ける必要があるのです。

最後の施策は、利便性の向上です。さまざまな検索や絞り込みを可能にすることで、ユーザーは情報が探しやすい親切なサイトだと感じてくれます。関連製品の紹介も適宜行うとさらに効果的です。そのような検索や絞り込みを実現するためには、データベースによる商品管理が必要となります。

アクセスログによれば、御社のサイトにアクセスしてきているデバイスはPCとモバイルがちょうど半分ずつぐらいでした。当然ですがスマートフォン対応が必要です。御社の場合、スマートフォン対応ページがありますが、行間が狭いなどの問題がありました。まずその修正が必要ですし、今後も定期的なメンテナンスをしなければなりません。修正や保守のことを考えると、ＰＣ用の画面を更新すれば自動的にスマートフォン対応ページも作られるツールがあると便利です。今回導入をおすすめするＣＭＳは、その機能をもっています」

西田はパワーポイントのスライドを示しながら、言葉だけでは伝わりにくい部分を図で示した。

情報伝達力強化の流れを踏まえたトップページ設計とは？

「『注目・認知→興味・関心→確認・信頼』の順序を踏まえたコンテンツ配置とおっしゃいましたが、具体的にはどのようなものなのでしょうか？」と、峰岸課長が尋ねた。

「はい。それはまずトップページで実現するのです」

トップページの上から順番に、注目・認知、興味・関心、確認・信頼を促すコンテンツ配置をすることが重要である。

注目・認知は「ファーストビューエリア」が担う。このエリアでは、自社の取り組み姿勢や存在意義をキャッチコピーとしてアピールしたビジュアルコンテンツを掲載することが肝心だ。

興味・関心は、注目商品をピックアップする「ピックアップ商品紹介エリア」、メインターゲットの閲覧ニーズに応えるための「取扱商品検索エリア」、情報発信系コンテンツを取りまとめた「情報発信エリア」の3つのエリアが担う。情報発信エリアとは、商品に関連する情報を発信しているページを取りまとめたものだ。コンテンツを充実させるために、商品に関わる歴史や豆知識、用語集などを作成している会社は多いが、後付けでどんどん追加してきたため情報が散在していることが多い。そこで商品関連情報を洗い出してカテゴライズし、トップページからカテゴリごとに移動できるようにしておくことで、ユーザーの利便性は格段に高まる。その結果、いろいろな情報を見てみようという気持ちを喚起できるのである。

確認・信頼は、「会社紹介エリア」「会社関連ニュース発信エリア」「フッターエリア」が担う。会社紹介エリアは会社情報をコンパクトにまとめて提示するエリアである。社長からのメッセージもここに掲載することで、会社に対する信頼感を高めることができる。

［図表 11］ 注目・認知→興味・関心→確認・信頼の順序を踏まえたコンテンツ配置

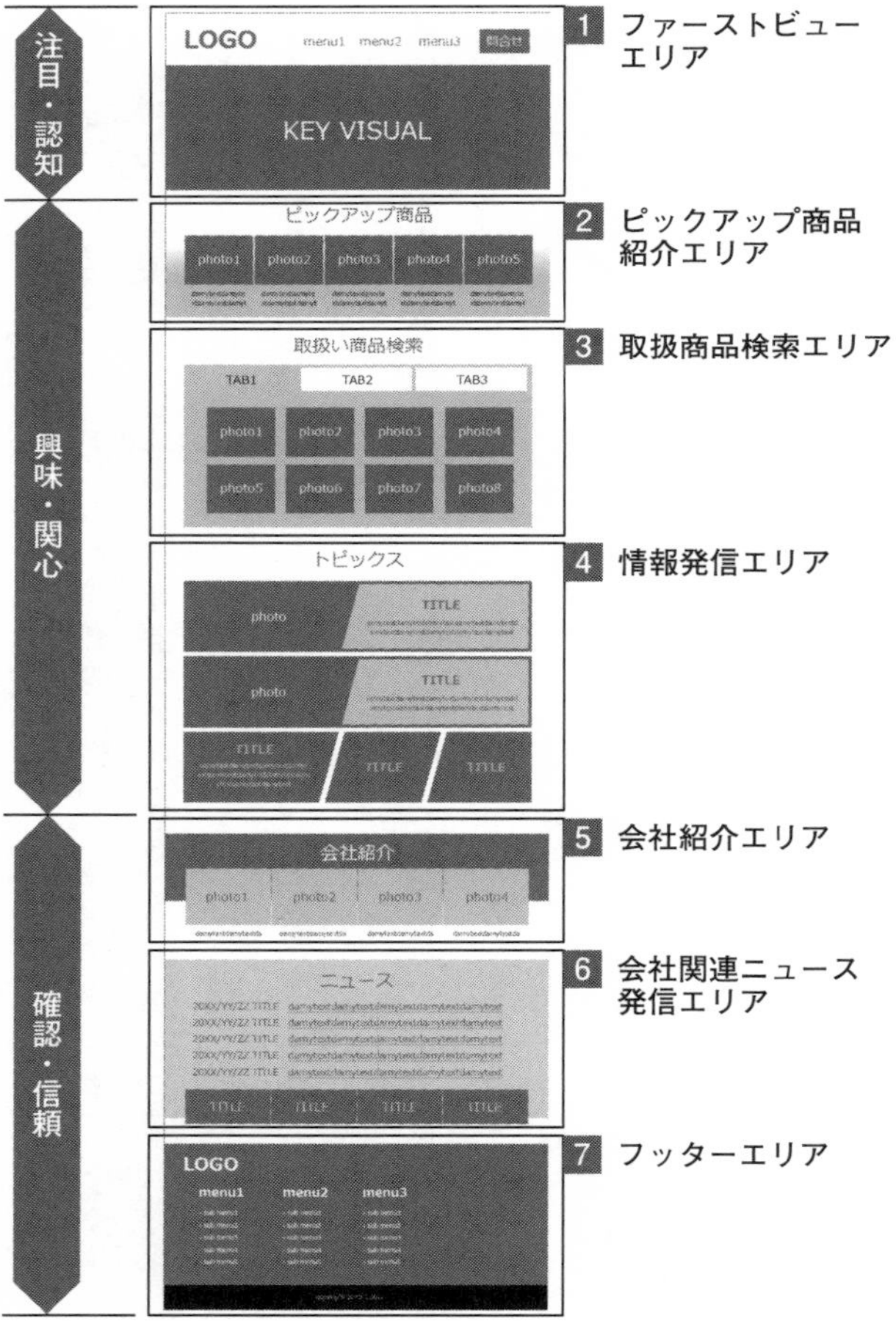

自社資料を基に作成

「会社関連ニュース発信エリア」は、自社に関するニュースを発信するエリアで、アイコン等を使って何に関するニュースかが一目で分かるように設定するとよい。フッターエリアはそのほかに必要なバナーやリンク、コピーライトなどを掲載するエリアだ。プライバシーポリシーや情報セキュリティポリシー、特定商取引法に基づく表記などのリンクもここに置かれることが普通であり、信頼に寄与するエリアだといえる。

なお、トップページにこれだけの情報を入れることを考えると、フッターエリアにメインメニューと重なる項目を入れることはスペースの無駄遣いなので避けるほうがよい。

商品検索および請求・問い合わせは4階層で考える

「利便性の向上においては、商品情報が探しやすく、請求や問い合わせが適宜できるようになっていることがいちばんの要件です。そこで商品検索や請求・問い合わせのしやすいサイトの構成を示します。

商品検索のページ構成は4階層で考えるのが基本です。まずインターネットからの入口となる階層があり、これはコーポレートサイトのトップページ（取扱商品検索エリア）ま

[図表12]　商品検索や請求・問い合わせのしやすいサイトの構成

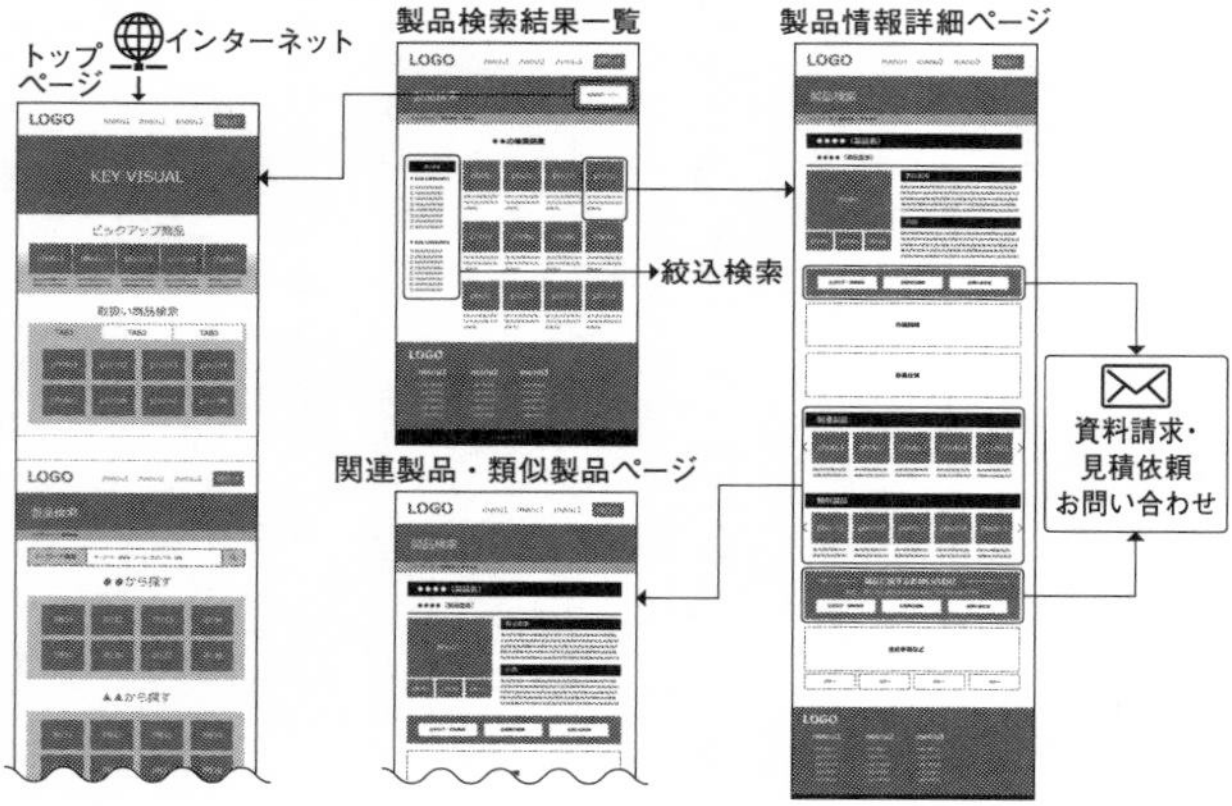

自社資料を元に作成

たは商品検索ページとなります。

入口からの検索結果は、2階層目である商品検索結果一覧ページに表示されます。これは検索条件に基づいて作成される動的なページになります。検索結果は商品写真と名称に概要説明をつけて表示します。検索結果が多い場合は複数ページに分けて、ページ送りできるようにします。さらに絞り込み検索もできるようにしますが、細かい仕様については相談させてください。生産終了商品についても検索するかどうかをチェックできるようにしておくと、より親切といえます。

3階層目が商品検索一覧結果ページからリンクされる商品情報詳細ページとなります。

項目としては、名称、商品写真、商品概要および特徴、詳細説明、製品仕様、関連商品・類似商品、コンバージョンリンク、注意事項があります」

コンバージョンリンクとは、ユーザーから問い合わせを受け付けるためのリンクエリアだ。資料請求・見積依頼・お問い合わせなどへのリンクがある。ページ全体の3分の1および3分の2ぐらいの2カ所に同じエリアを置いて認識性・アクセス性を高めるとよい。

「4階層目が、商品情報詳細ページからリンクされるページで、具体的には資料請求・見積依頼・お問い合わせ・関連商品・類似商品などになります。この4階層を意識することで、回遊性が高く、無駄のない導線でユーザーを目的の商品に誘導することができるようになるのです」

サイト編集を容易にするツールがある!?

「商品の自由な検索を可能にするためには、CMSの汎用データベースが必要になります」

「どのような仕組みになっているのですか?」と、峰岸課長が聞いた。

「CMSでは、各ページのレイアウトをテンプレートとして登録することができます。

[図表 13]　商品の自由な検索を可能にするための CMS の汎用データベース

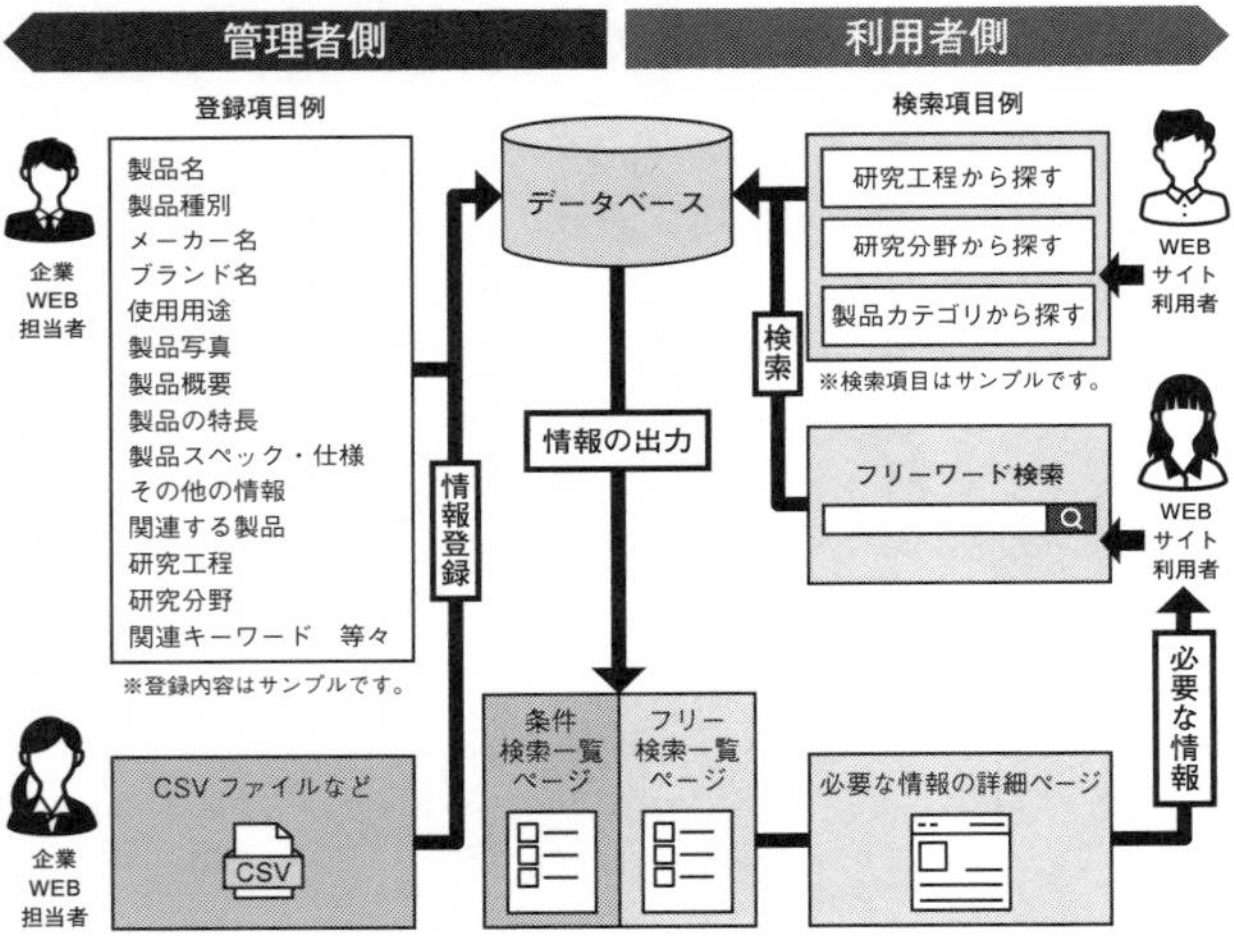

自社資料を基に作成

ユーザーがなんらかの検索をすると、ＣＭＳはデータベースから該当するデータを取り出し、テンプレートに埋め込んで出力します」

「データベースへのデータの入力は？」

「データ登録画面から登録することもできますし、他システムの商品マスターなどからＣＳＶファイルとして抽出したデータをインポート（一括投入）することもできます」

「既存システムのデータを活用できるということね？」

「おっしゃるとおりです。ＥＴＬ

ツールという、データ連携用のツールを利用した入力も可能です」

峰岸課長はこれまでのデータが利用できることを知って、ほっと胸を撫で下ろした。


「CMSについてもっと詳しい説明をお願いします」

「はい、ご用意しています。代表的な機能としては、ページ編集・追加、モバイル端末画面対応、サイト構成管理、フォーム作成、Q&A作成、掲示板作成、ワークフロー機能、品質維持・向上機能などがあります。また最近ではユーザーとチャットで対話するAIチャットボット機能を備える製品も出てきています」

ページ編集・追加とは、ブログ感覚でページを編集する機能である。HTMLやCSSの知識がなくてもページ編集が可能となり、デザイナーやWEBエンジニアの手を借りなくても、マーケターがページを編集することが可能になる。ページをコピーして、簡単な編集をするだけで新しいページを追加することもできる。

モバイル端末画面対応とは、PC用に作成した画面をスマートフォンやタブレット用の画面に自動変換し、変換結果をPCの画面でプレビューする機能だ。スマートフォンやタブレットの画面サイズを選択することでさまざまなサイズでどのように見えるかをチェックすることができる。

サイト構成管理とは、管理画面からコンテンツの並び方やメニュー項目への関連付けを確認・変更できる機能だ。変更は、自動的にサイトマップやメニューに反映されるので、更新対応漏れの心配から解放される。

フォーム作成とは、アンケートや問い合わせ、申し込みなどのフォームを簡単に作成する機能だ。アンケートやキャンペーン応募等であれば、定員に達したときに自動的にクローズする設定もできる。

Q&A作成とは、Q&A画面を作成する機能だ。高機能なものだと、質問をクリックしたらその直下に回答を表示したり、質問のカテゴリを絞り込んだり、質問の検索機能を搭載できる。

掲示板作成とは、ユーザー同士がやり取りできる掲示板を作成する機能である。

ワークフロー機能とは、ページの作成や変更の承認フローを盛り込んだり、編集権限を付与したりする機能である。チームによる共同作業を可能にする機能だといえる。

品質維持・向上機能とは、アクセシビリティ向上やサイトの品質維持に役立つ機能のことである。アクセシビリティ向上の例としては、画像への代替テキストが設定されていないときにアラートを出す機能や、禁止文字（環境依存文字など）があると登録できなくする機能などがある。品質維持に関しては、リンク切れをチェックする機能や、同時に同じコンテンツの更新が行えないようにする機能などがある。

CMSおよび提供業者を選定するポイントとは？

「CMSを選定する際のポイントは何かしら？」

「WEBサイトの運用に人手もコストもできるだけかけたくないということなら、今まで挙げた機能を備えていることが必須と思います。機能が同等であれば、操作性、セキュリティ、教育も含めたサポート体制などを比較して決めるとよいでしょう」

「サポート体制を評価するポイントとはなんだろうか？」

「まず情報セキュリティに関する認証であるISO27001を取得していること。また品質保証に関する認証であるISO9001を取得していること。この2つは必須条件でしょう。もちろんWEBセキュリティに関する深い知識があることが求められます。またツールはクラウドで提供するのが最近のトレンドですが、その場合には、経済産業省が策定した情報セキュリティサービス基準審査登録制度で、脆弱性診断サービスリストに登録されている第三者事業者で脆弱性診断を受けていることが必須条件です」

「こういう必須条件をクリアしていくのが、わが社の評価にもつながるということだな」

その他の選定ポイントとしては、データセンターあるいは利用しているクラウドの堅牢性、障害監視をはじめとするサーバーの監視内容および体制、障害時の対応内容などが挙げられる。

プロジェクトメンバーは多いほうがよい?

「続いてプロジェクトの進め方についてご説明します。まずプロジェクト体制からです。まず御社の体制ですが、ここにいらっしゃる2人による少数精鋭チームという認識でよろしいでしょうか」

「もう少し人員を増やす可能性はあるのですが、それでも多くて5人くらいにしかならなくて……。このような少人数でも大丈夫でしょうか」

峰岸課長が心配そうに西田に尋ねた。

「心配ありません。私たちの会社では中堅・中小のＢtoＢ企業、特に製造業の案件が多いのですが、４～５人ぐらいで社内体制を組んでもらうことがほとんどです。その分、私たちの会社からさまざまな役割の人材を提供します。ただし彼らも複数のプロジェクトを担当している者がほとんどです。張り付きになるのはプロジェクトマネージャーやディレクターなど実際にプロジェクトを運営するスタッフぐらいです。

このぐらいの人数でプロジェクトが実施できる理由は、ベースとなるツールが存在するからです。それがＣＭＳであり、これがなければ一からスクラッチ（手組み）で作ることになるので、人数も期間ももっとかかることになります」

「なるほど、少人数でも大丈夫と聞いて安心しました。ただ、実質作業をするのは私だけなのですが、そんなので大丈夫なのかしら？」

「まず峰岸さんだけでも専任であることが必要と考えます。これはＷＥＢマーケティングのイロハから学んでいただき、今後は社内人材を育成していく立場になるからです」

「そうよねぇ」

峰岸課長も人材を育成していかなければならないという必要性は感じていたようだ。

「次に大切なことが、経営トップが関与しているかですが、御社はこのプロジェクトを開始するときの意思決定も堀金社長がされていますし、十分関与されていると思います。御社の場合、コーポレートサイトのリニューアル目的が売上の拡大ですが、ほかによくあるのがそれに加えてリクルートを目的とするケースです。その場合はもちろん人事部からもプロジェクトメンバーを出してもらいます。一般的には、トップを含めて4～5人の体制で進められる会社が多いです」

「その分、御社の体制がしっかりしているというわけね」

「すべてのメンバーが全期間、今回のプロジェクトに関わるわけではありませんが、総勢16人でご支援する体制を組んでいます。どういう役割の者がいるかは、図をご覧ください。ポイントを述べますと、品質保証の要となる検証チームというのがあって、これは社内ですが第三者的な組織が担当します。また運用保守責任者が導入時から関わり、運用時に漏れがないように助言したり、運用を見据えたテストの支援を行ったりします」

「なるほど。つくっても運用できないシステムは意味がないからな」

「体制としてはもう1つ、ステアリングコミッティの設置を提案します。ステアリングコミッティとは、取締役クラスが参加したプロジェクト委員会のことで、プロジェクト内部では解決しにくい事案を解決するための組織です。ステアリングコミッティには、弊社からは会長の岸本が参加します」

「次に進め方ですが、本プロジェクトでは、いくつかの作業工程に分割し、原則として前工程が完了しないと次工程には進まない『ウォーターフォール型』を採用します。この方法の特長は、各工程での品質を確保し、前工程への後戻り、すなわち手戻りを最小限にできることです」

「素人意見で恐縮ですが……」と峰岸課長が前置きしてから質問する。

「ウォーターフォール型は、基幹系システム開発のような大規模システム開発では今でも採用されているようですが、WEBシステムやDX関連の案件では、要件をがちがちに決めずに作りながら改良していくアジャイル型が主流だと聞きました。今回はＷＥＢシステムの開発と思うのですが、なぜアジャイルでなくウォーターフォールなのでしょうか？」

峰岸課長の鋭い質問に、西田は驚いたようだ。

「よく勉強されていらっしゃいますね。確かに何が正解か分からないけれど、とりあえずなんらかの施策を実行してみて、その結果を見て新たな施策を立案しようということであれば、アジャイル型の進め方が向きます。御社のマーケティングシステムも第1フェーズでプラットフォームとなるＣＭＳを導入したあと、実際のマーケティング施策を実行する場面では、とりあえず試してみるというアジャイル型の進め方になるでしょう。

今回は、ＣＭＳという比較的大規模なプラットフォームの導入がメインのプロジェクトです。とりあえず導入してみて、使ってから不具合があれば修正していこうというものではなく、必要な機能・性能をきちんと定義して、プロジェクト完了時に使える道具として提供されなければなりません。ですからアジャイル型ではなく、ウォーターフォール型が向くのです」

要約すると、期限があり、そのときに必要な要件を満たさなければならない案件であれ

［図表14］　ウォーターフォール型

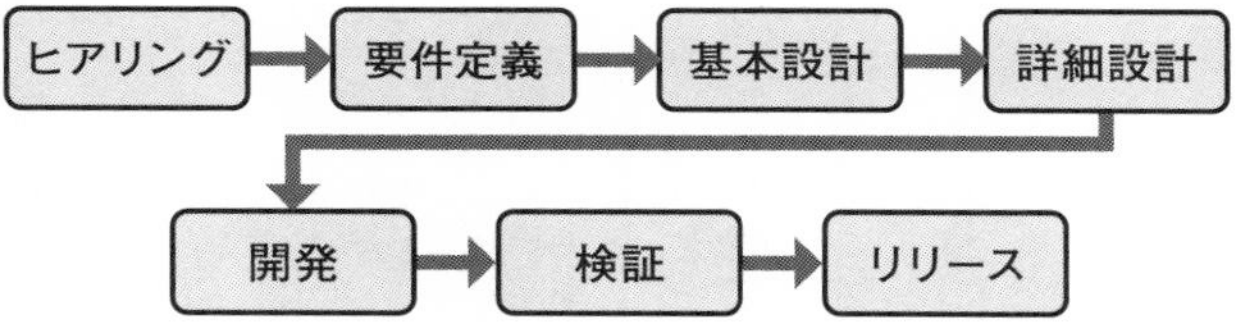

自社資料を基に作成

ばウォーターフォール型が向き、特に期限はなく、少しずつ、だが速いサイクルで前進していくことが求められる案件はアジャイル型が向くということである。

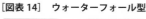

プロジェクトの進め方は大きく分けて2つある

「次にプロジェクト管理や情報共有の方法についてご説明します。まず定例会議ですが、月2回、1回60分の定期報告会を開催します。内容は、進捗報告、課題報告、新たな要望や変更に伴う調整箇所の報告、質疑応答となります。報告会への提出物は、アジェンダ、進捗報告書、課題管理表、作業内容変更がある場合はそれに伴うリスケジュール計画書になります。ただし印刷物の配布は行わず、会議中は電子会議システムの画面で共有し、電子ファイルをクラウドストレージで共有します。また会議議事録は、弊社で会議の翌営業日までに作成し、御社の承認を可及的速やかにいただく形としたいと思います」

「すぐにチェックして、承認可否とその理由を明らかにするようにします」

「そのほか、ＷＢＳ（作業を分解して構造化する手法）と連動するスケジュール管理ツールや課題管理ツールを活用し、プロジェクト管理を実施します。会議開催の周知もスケジュール管理ツールで行います。これらのツールは両社で見られるようにし、透明性の高い管理を実施していきます。また既読管理のできない電子メールではなく、ビジネスチャットツールを導入することで、スピーディーかつ確実なコミュニケーションを図ります。ちなみにスタンプも使用可能にしたいのですが」

西田の提案に、堀金社長も安心して任せられそうだという印象を抱いていた。

「かまわないですよ。どんどん進めてくださ い」

ウォーターフォール型でも半年以内でリリース

「次に導入スケジュールです。プロジェクトキックオフから3週間ほどかけて、要件定義を行いながら、並行してプロジェクトの詳細計画を作成します。

要件定義が承認されたら設計フェーズに入ります。基本設計では、サイトマップ、画面、機能を設計します。ウォーターフォール型の進め方なので、本来は基本設計が完了しないと詳細設計に入れないはずなのですが、工期短縮のために、全体を3つに分けて、基本設計1が完了したら詳細設計1と基本設計2に入るといった傾斜式の線表を引くことにいたしました。

制作・開発が完了した時点で、御社による検証と弊社検証チームによる検証を同時進行で1週間実施し、問題がなくなればリリースして、運用フェーズに入るというスケジュールになっています。工期は全体で3カ月と3週間と見込んでおります」

「ウォーターフォール型と言うので1年ぐらいかかると思っていたわ」

「社内基幹システムの更改というような大規模プロジェクトは別として、今どきのシステム開発はウォーターフォール型でも3カ月から半年程度、長くても1年ぐらいで完了するのが一般的かと思います」

「最後に価格ですが、そちらは御見積書と見積明細書をご覧ください。弊社では、人月単

［図表 15］ 導入スケジュール

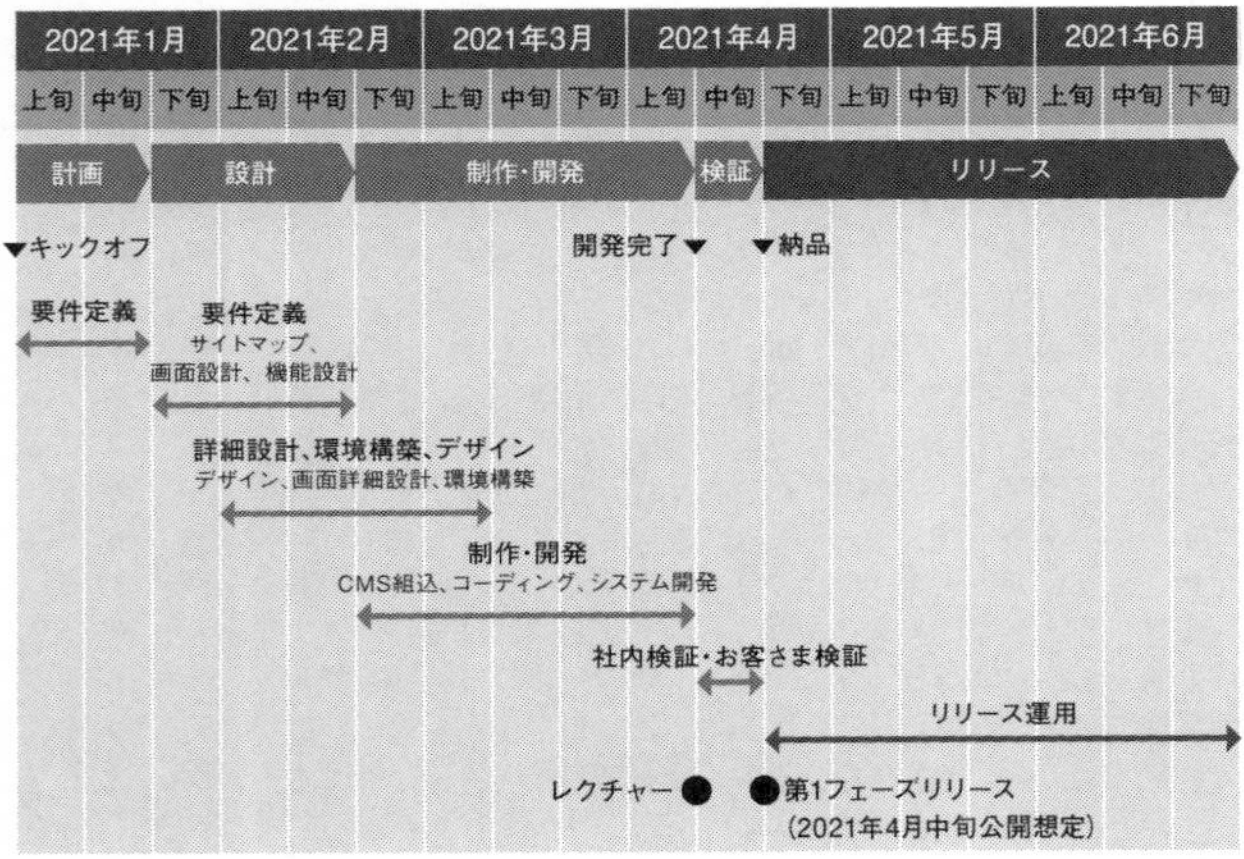

自社資料を基に作成

価×工数というお見積もりではなく、あくまで成果物ベースでお見積もりを取っております。見積明細書に作成予定の成果物とそれぞれの価格が記載されていますので、御見積書との食い違いがないかご確認いただければと存じます」

その後、若干の価格交渉はあったが提案内容はおおむね了承され、提案プレゼンテーションの翌月1日からプロジェクト（コーポレートサイトリニューアル第1フェーズ）が開始されたのであった。そして、西田明日美のコンサルタントとしての独り立ちが証明された瞬間でもあった。

半年も経たないうちに成果が出てきた

プロジェクトは予定どおり4カ月目の中旬に完了し、新コーポレートサイトのお披露目となった。リリース後は、アクセス状況やコンバージョン状況を見ながらコンテンツを改良したり、新しいコンテンツを追加したりしている。これらの作業もCMSを導入したおかげで、社外のWEBデザイナーやWEBエンジニアに外注しなくても社内でできるようになった。外注していた頃は「依頼→見積→価格交渉→発注→制作→納品→検収→リリース」というステップを踏んでいたため、最低でも1週間かかっていたのが、今では早ければその日のうちに、遅くても2日後には作業を終えてリリースできるようになった。

短期間にリリースしてすぐに試せるのでフィードバックデータが蓄積され、改善の精度も日に日に高まっている。そうなると営業現場からもさまざまなリクエストが寄せられて、それに応えるうちにWEBサイトが少しずつ売上に貢献するようになってきた。半年も経たないうちに早くも成果が実感できるようになったのである。

一方で、新しいプロジェクト（第2フェーズ）もすでに始まっている。顧客との関係強化のためにMAツールを導入するプロジェクトだ。これが完了すれば、WEBサイトを通じて確度の高いリード（見込み客）が営業に送客できるようになる。営業部門が自ら獲得するリードは今後もあり続けるだろうが、そのうえにWEBが自動的に集客し、育成するリードが上乗せされることになるわけだ。

MAが軌道に乗れば、インサイドセールスという訪問しないで提案から成約までを行う営業も可能になる。

どうやら堀金製作所は、2025年の崖に間に合いそうだ。

［第5章］

WEBマーケティングからDXへ——WEBを起点にした業務改善に成功した企業の未来像

DXの時代といわれて、もう数年が経ちました。一方で旧態依然とした企業が落ち込むといわれる「2025年の崖」までの残り時間も数年となっています。

私たちはここまで、半年から1年もあればWEBマーケティングを導入し、成果が出せるということを見てきました。もう時間はあまりありませんが、まだ間に合うというタイミングが今なのです。

WEBマーケティングの導入に成功した企業はDXの第一歩を踏み出し、「2025年の崖」を超えるチケットを手に入れたといえます。そして崖の向こうには、明るい未来が待っています。

「良いタイミングで決断されました！」

「ご支援、本当にありがとうございました。おかげさまで売上が5%増えたにもかかわらず、営業コストを4%も削減できました。新規顧客数も増えており、サイトリニューアルとMAツール導入に取り組んで良かったです」

堀金製作所の役員応接室で、私は堀金製作所の堀金賢吉社長から感謝の言葉を受けていた。堀金製作所のＷＥＢサイトリニューアルプロジェクトの第2フェーズが終了し、ＭＡツール導入の成果が出てきたのである。

「いや、私たちの支援のおかげというより堀金社長の決断の賜ですよ。本当に良いタイミングで決断されました！」

私はむしろ堀金製作所の決断を称賛した。同社は西田が講師を務めたＷＥＢセミナーに参加し、すぐに自社のＷＥＢサイトをリニューアルすることに決めてくれたのだ。

「社員にもいつも言っているのですが、日本のＢtoＢ企業のＷＥＢマーケティングはのびしろしかありません。取り組めば必ず成果が出るのは分かっているのです。しかし、どこの企業もなかなか取り組もうとしてきませんでした。

ですが２０１８年になって、経済産業省が主宰する研究会が『２０２５年の崖』と言い始めました。ＤＸができないと大変なことになると訴えたのです。それでも多くの企業は腰が重かった。そこに今度は新型コロナウイルスの流行です。ようやく大手企業が腰を上げ始めましたが、中小企業はまだまだです。

とはいえ２０２５年まではあとわずかです。来年ぐらいから多くの企業が取り組もうとするはずですが、頼みとするパートナー企業はどこも忙しいでしょう。そこで初めて『取り組むのが遅かった』と知るわけです」

「おっしゃるとおりです。しかも岸本会長が常々おっしゃっている『伴走してくれるパートナー』は、今後どんどん見つけることが困難になっていくことでしょう。あそこで決断しなければどうなっていたかと思うと冷や汗が出ます」

残るはデータドリブンマーケティングの実現

「ところで今日お呼びたてしたのは、今後弊社が進むべき方向についてヒントをいただきたかったからなのです。それを基に、今後御社と一緒にどう進めていくかを考えたいと思っています」

どうやら堀金社長はわが社に今後も伴走してくれるパートナーとして価値を見いだしているようだった。

「ありがとうございます。では私見を述べさせていただきましょう。御社の場合、WEBマーケティングに関しては、今回のリニューアルで基礎工事ができましたので、個別の課題への取り組みを進めていけばよいかと思います。まず技術的な話をしますと、海外展開を視野に入れた多言語対応、デジタル広告への本格的な取り組み、問い合わせやQ&AのAIによる対応、顧客の利便性が高いスマートフォンアプリによる顧客ロイヤリティの向上などが挙げられます。

こういったユーザーの目に見える取り組みを進める一方で、社内ではデータドリブンマーケティングへの取り組みを本格的に進めていくことが必要かと考えます」

「データドリブンマーケティングとは？」

「WEBマーケティングの最大の利点は、さまざまなデータをきめ細かく大量に取得できることです。そのデータを基に仮説を立て、CMSやMAツールなどのマーケティングツールを活用してすぐに施策を実行し、その結果得られたデータを分析してまた新たな仮説を立てる──この試行錯誤をすばやく繰り返すことで、変化の激しい今の時代に売上を増やし続ける、これがデータドリブンマーケティングです」

データによるエビデンスに基づいて経営の意思決定をすることをデータドリブン経営といいます。データドリブンマーケティングは、経営をマーケティングに置き換えた言葉だと思ってよい。最近ではデータドリブン人事という言葉が出てきている。人事担当者や上司の勘と経験に頼ってきた人事を、データに基づいて実施するという考え方である。今後も「データドリブン」という考え方は、企業活動のあらゆる領域に入り込んでくるに違いない。

データドリブンマーケティングの実現のためには、CRM、DMP、CDP（カスタマーデータプラットフォーム）といったマーケティングに特化したデータベースが必要で、それを構築・操作・分析するためのツールがすでに数多く開発され、市場に出回っている。

「人間の勘や経験に頼らずに、データを分析することで経営もマーケティングも人事も行う時代になってきたということですね。しかしそれでは人間の直観や経験はなんの役に立つのでしょうか？」技術者で職人気質の堀金社長らしい言葉だ。

「これからDXが進展していくなかで、企業活動にAIが活用される領域はどんどん広がっていくでしょう。データドリブンにおいてもAIの役割は拡大していく一方です。しかし現時点でAIのできることは、基本的にはすでに存在するモノやコトを分類するだけに過ぎません。判断はできないのです。

経営判断にＡＩが役立つとはいっても、有効と思われる施策を複数挙げて、それぞれの成功確率と最大収益の見込みを出すまでしかできません。そのなかから何を選択するかは人間が決断するしかないのです。そこはもうデータの及ばない領域であり、正しい決断をするには直観や経験がどうしても必要になります。

マーケティングも同じことで、データドリブンによりマーケティングも営業も大きく効率化され、直接売上に結びつくことに知恵を絞るだけでよくなりますが、クロージングといった部分では相変わらず営業マンの能力や経験が大きくものを言うことに変わりありません」

中小企業こそＤＸは進めやすい？

「とはいえ、人間の能力・体力と業務に費やせる時間には限界があります。データを活用することで自動化などの効率化を実現し、確度の高い選択肢を提示することで手戻りによる無駄を削減する。つまり人間が人間だけにしかできないことに集中する時間を増やすことがＤＸの本質ではないでしょうか」

「ですが、今のところＤＸの成功事例としてよく聞くのが、大手企業を中心とするグループ企業がサプライチェーンの無駄をなくして効率化したとか、製造工程を自動化して品質および安全性を高めたとかそういう話ばかりです。一方で私たちのような中小企業では、いまだにＤＸに取り組んでいない企業が大半です。本当に弊社のような企業でも『２０２５年の崖』を乗り越えられるのでしょうか？」

「大手企業で成功事例が出ているといっても部分的な話で、グループはおろか1社内で全体最適を実現できたという話はまだあまり聞きません。それは当然のことで、大手企業ではセクションの壁が分厚いのです。ＫＰＩ一つ取ってみても、物流部門のＫＰＩは運送費の最小化ですが、店舗を統括している販売部門のＫＰＩは在庫の最小化だったりします。この2つが矛盾することはいうまでもありません。あちらを立てればこちらが立たずということが大手企業では起こりがちなのです。

ですがＫＰＩの実現度は人事考課に大きく影響しますから、互いに譲り合って妥協点を見つけるという話にもなりません。社長が調整できればよいのですが、大手企業の事業部となると失礼ながら御社よりも規模が大きいことも珍しくなく、それぞれの事業部長は大変な責任と権限をもっており、社長一人で調整するのは難しいのです。

その点、中小企業であれば社長の権限は絶大であり、部門間の調整も大手企業と比べるとはるかに楽です。社長が腹をくくって部長クラスを集めて説得すれば進む事案はいくらでもあります。事実、今回のWEBサイトリニューアルもほとんど堀金社長が独断で進めたことだったとうかがっています。

スピード感という点では、中小企業のほうが圧倒的です。一度進み出したら、本当に速い。社長が弊社のWEBセミナーに参加されてから、まだ1年経っていないのですよ」

私は中小企業だからこそ、DXを進めることで厳しい時代を生き抜くビジネスチャンスになるととらえている。

「そうですね。少し先行きに明るいものが見えてきました」と、堀金社長は頷いた。

「DXは守りのテーマより攻めのテーマと相性が良いのです。特にマーケティングは攻めの面が強いので、DXの最初の取り組みとして最適だと私は考えています。

私たちの経験からいえることは、BtoB企業がWEBマーケティングに関して悩んでいることはだいたい共通しているということです。

［図表 16］ BtoB 企業の WEB マーケティングの課題

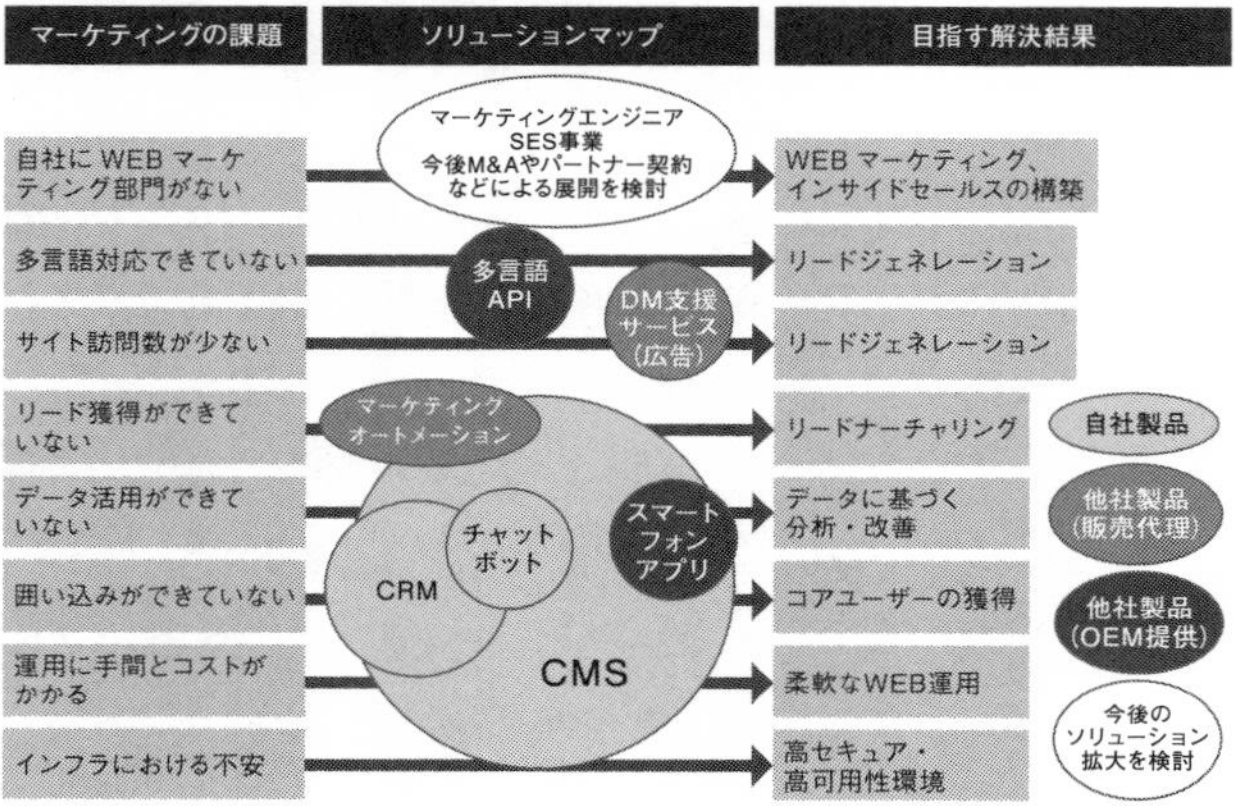

自社資料を基に作成

『自社にＷＥＢマーケティング部門がない』『海外に進出したいが多言語対応できていない』『サイト訪問数が少ない』『リード獲得の集客ができていない』『データ活用ができていない』『顧客の囲い込みができておらず流出してしまう』『運用に手間やコストがかかる』『サーバースペック、回線速度、セキュリティ、可用性、運用性などＩＴインフラに不安がある』などが典型的な課題です。

その解決手段としては、マーケティングを支援してくれるパートナーとの提携、ＷＥＢ上で提供されている多言語ＡＰＩ（アプリケーションインターフェース）の活用、広告支援サービスの活用、ＭＡツール・チャットボット・ＣＭＳなどの導入、スマートフォンアプリの開発などが挙げられます」

私は資料を指差しながら、説明を続けた。

「たくさんの課題がありますが、図を見れば分かるようにＣＭＳを導入して活用するだけで半分ぐらいの課題が解決します。そして御社のように少数精鋭チームで進めることで、半年もあれば終わるのです。

これが多数の部門の要望を一つひとつ調整していたら、かなり時間がかかった可能性もあります」

「どのような体制が取れるかが実は導入期間を左右する大きな要因であるわけだ」

堀金社長は大きく頷きながらつぶやいた。

「そのとおりです。だからこそ経営者の決断次第で全社的な改革が可能な中小企業のほうがＤＸのような改革には有利なんです」

今後のＤＸを決定づけるのはメタバースとSociety 5.0

「堀金社長、最後に今後のトレンドとしておさえておきたいことはなんでしょう？」

「メタバースでしょうか」

「コンピューターやネットワーク内に構築された3次元の仮想空間のことですね。Facebook社がMeta社に改名したことで一躍有名になりました。しかし一時的な流行だろうという人もいます」

「確かに仮想空間でのサービスは今まで現れるたびに話題になりましたが、結局は頓挫してきた歴史があります。しかし今回は本物だと思います。理由の1つは、コロナ禍のテレワーク普及で多くの人がオンラインに慣れたことです。そしてもう1つが日本政府によるSociety 5.0の取り組みです」

Society 5.0とは、狩猟社会、農耕社会、工業社会、情報社会の次に来る第5の社会という意味で、日本政府が独自に提唱したコンセプトである。科学技術基本計画の第5期（2016年度～2020年度）で、キャッチフレーズとして初めて登場した。つまりコロナ禍以前に提唱されたコンセプトなのだ（ドイツのIndustry 4.0の影響が強い）。

Society 5.0の資料は内閣府のサイトに存在する。その資料のなかで、サイバー空間とフィジカル空間の高度な融合という基本概念が示されている。この基本概念とメタバースの相性が良いのである。

Society 5.0はSDGsとも関連付けられて、現在では「Society 5.0 for SDGs」という言い方をされることもある。デジタル庁が目指す方向性とも一致しており、今後しばらくは取り組みが続くと考えられているのだ。したがってFacebookの目論見どおりにメタバースが進展するかは別として、日本では政府肝煎りの政策として、3次元仮想空間が発展していく可能性が高いといえる。

生活者側の視点で考えるとSociety 5.0の進展によって生活者のニーズや要求レベルが必ず変化するが、どのように変化するか予測は難しい。ただ政府からSociety 5.0で実現する社会のイメージが提示されている。

Society 5.0の資料では「サイバー空間とフィジカル空間の高度な融合」と表現されているが、もっと分かりやすくいうと「バーチャルとリアルの高度な融合」である。

図表17では、例えば「少子高齢化、地方の過疎化などの課題をイノベーションにより克服する社会」とある。さまざまな課題があるなかで医療のことを考えると、リモート診療などのソリューションが思い浮かぶ。オンラインで高齢者の巡回診療を行い、疾病の疑い

[図表 17]　Society5.0 で実現する社会

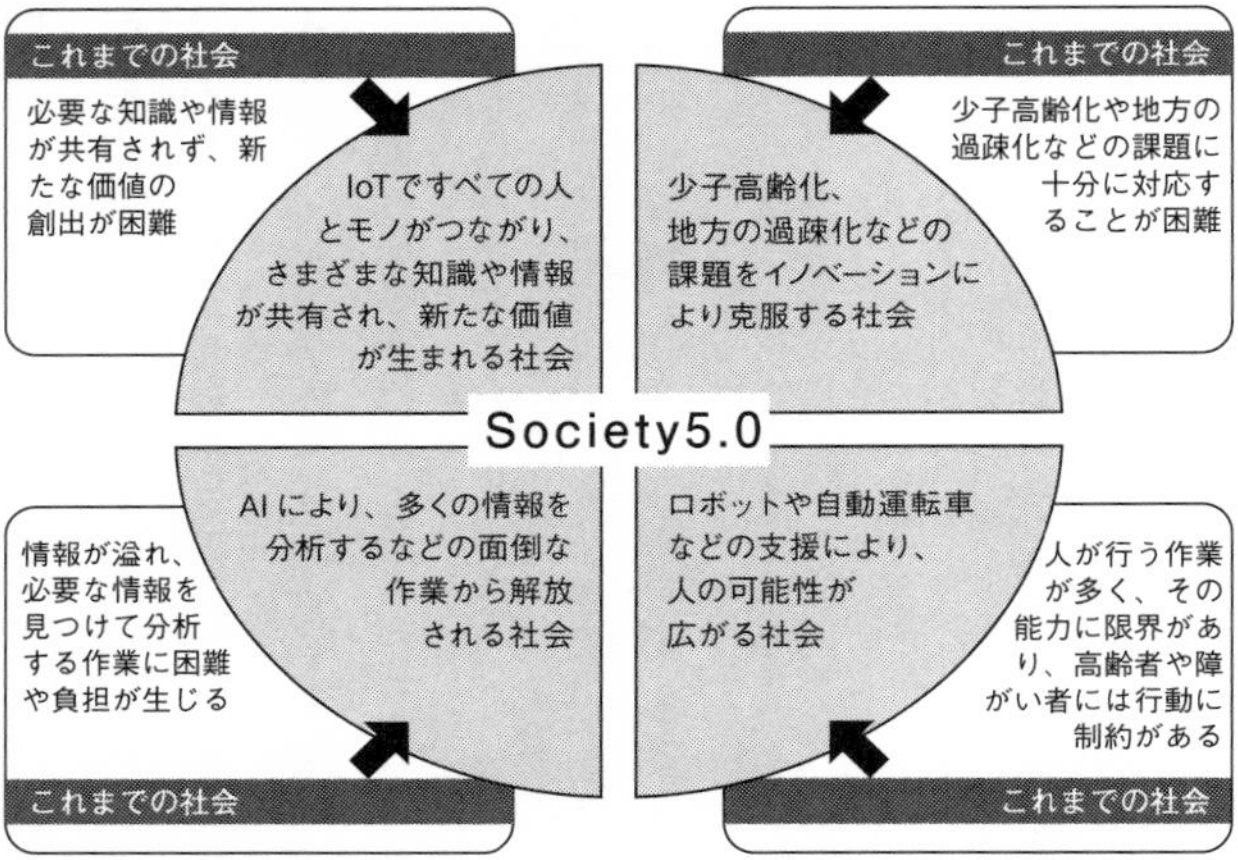

出典：内閣府「Society 5.0」

があれば、リアルな病院で治療するといったことも「バーチャルとリアルの高度な融合」の一つといえる。そのようなことが推進された場合に、自社商品の新しい市場を思い描けるかどうかがこれからのビジネスを考えるうえで重要になるはずである。

つまりこの図を見て自社にどのようなことができるのかを考えることが、これからのビジネスを考える第一歩なのだ。

さらに重要なことは、Society 5.0は日本政府の施策だがこれと同様のことが世界中で同時に進むということだ。そうなるとSociety 5.0で実現される新しい社会に適応するために考えたことが、世界中で可能になっていくのだ。

「マーケティングの分野でいえば、メタバースのような仮想空間における商談が今後は注目されていくでしょう。ＷＥＢサイトも仮想空間的な作り方が主流になり、例えば企業のサイトに行くと、その会社の『ゆるキャラ』のようなアバターが現れて、３次元化された商品画像に基づいた商品説明をしてくれたり、仮想空間内の製造現場を案内してくれたりするようになるでしょう。

はっきりしていることは、従来の平面的なＷＥＢサイトよりも３次元仮想空間の『ＷＥＢサイト』のほうに多くの人が親しみを感じるだろうということです」

「うーん。ワクワクする一方で、対応する側は大変だと溜め息が出そうです」

「そうですね。でも頑張っていくしかありません。以上は企業側の視点ですが、生活者側の視点で考えるとSociety 5.0の進展によって生活者のニーズや要求レベルが必ず変化します。しかしどのように変化するかまでは予測がつきません。AppleがiPhoneを発売した２００７年には、世の中がここまでスマートフォン中心に変わってしまうと予測できた人はいませんでした。メタバースが進展することによる世の中の変化はもっと大きいように思われます。ますます世の中は予測不能になるということです。そんな時代の指針といえば……」

「データしかないということですね」

「おっしゃるとおりです」

「方向性が見えたことで覚悟も定まってきました。大変な時代に突入してしまったものですが、ポジティブにとらえれば、我々のような小さな企業でもデータを使いこなすことで新しい時代に大きな貢献ができるということですね。これからも『伴走』をお願いできますか？」

これまでの既成概念にとらわれてしまっては、成長は見込めない。だからこそ、今が変革のタイミングなのだ。堀金社長は意を決したように私に語りかけた。

「もちろんです。弊社も小さな会社ですが、ともに手を携えて社会に貢献し、一緒に成長できればと願っています。こちらこそよろしくお願いいたします」

ＷＥＢがメタバースへと発展していくことで、ますます世界はボーダーレスになっていくと考えられる。それはビジネスチャンスが広がるということにほかならない。従来の対面でのコミュニケーションに頼ったビジネスでは、このチャンスを指をくわえて見ているしかない。

1日も早く、WEBからメタバースに発展していくであろう世界に追いつくための取り組みを始めることが重要なのだ。その取り組みこそがデジタル化でありDXだといってもいい。そのDXの取り組みの第一歩として最適なのがWEBマーケティングの導入なのである。

おわりに

本書は、私たちの会社がこれまでＷＥＢマーケティング導入を支援してきた堀金製作所という架空の企業の事例を基に、ＢtoＢ企業が共通して抱えている課題とその解決策についてまとめたものです。

できるだけ多くの情報を分かりやすく解説することに心を砕いたつもりですが、本書を通じて私が最も言いたかったことは、実はたった一つです。

それは「ＢtoＢ企業のＷＥＢマーケティングにはのびしろしかない。だからサイトリニューアルに着手しない手はない」ということです。

このことを理解してもらうために、数多くの課題を挙げました。そしてＣＭＳというものを導入し、その運用体制をつくり上げていくことでその大半は半年で解決することを示しました。そしてサイトリニューアルの成果が御社のＤＸ実現の礎になるということも述べたのです。

[図表 18]　ソリューションの関係

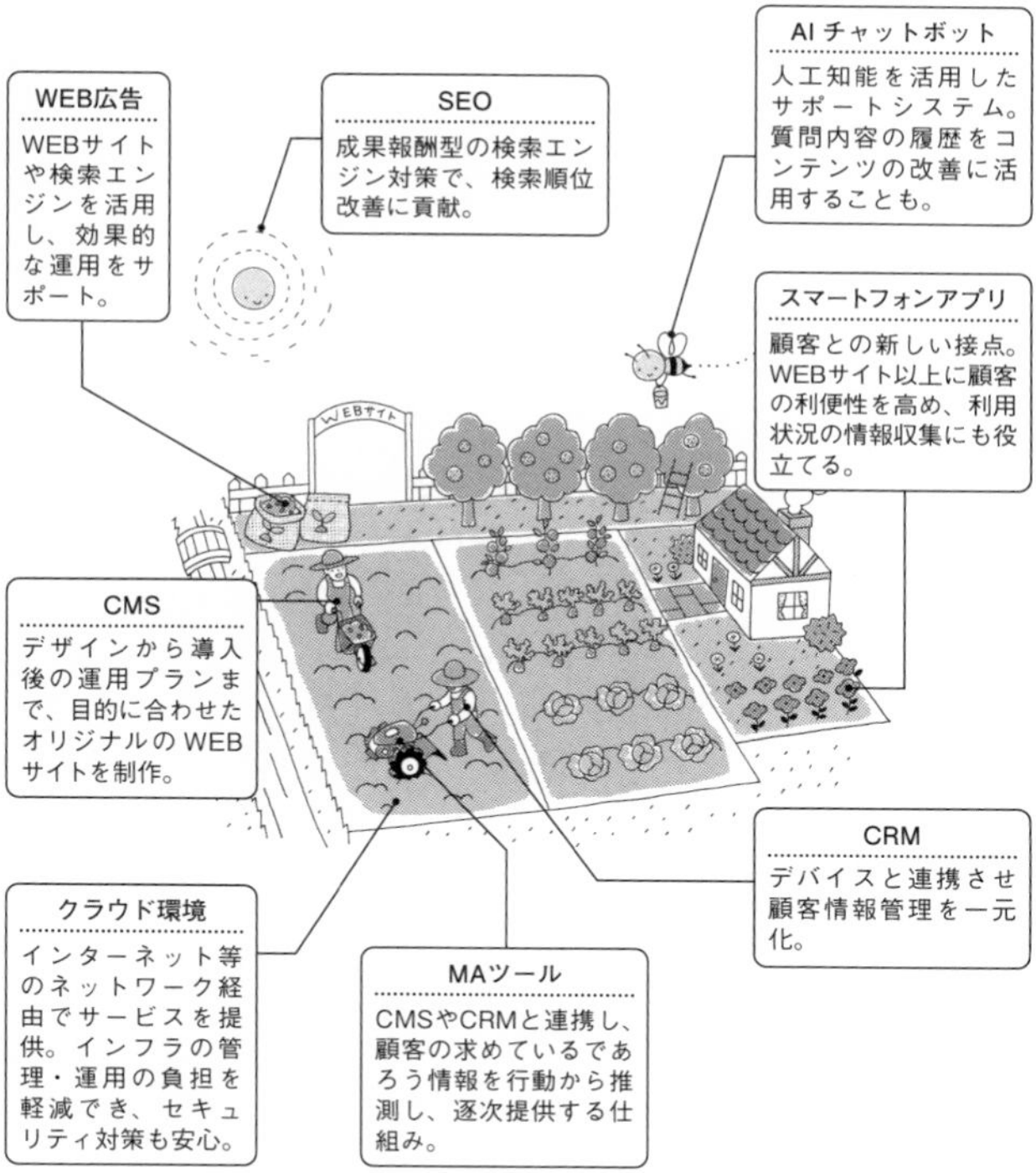
WEB広告
WEBサイトや検索エンジンを活用し、効果的な運用をサポート。
SEO
成果報酬型の検索エンジン対策で、検索順位改善に貢献。
AI チャットボット
人工知能を活用したサポートシステム。質問内容の履歴をコンテンツの改善に活用することも。
スマートフォンアプリ
顧客との新しい接点。WEBサイト以上に顧客の利便性を高め、利用状況の情報収集にも役立てる。
WEBサイト
CMS
デザインから導入後の運用プランまで、目的に合わせたオリジナルのWEBサイトを制作。
CRM
デバイスと連携させ顧客情報管理を一元化。
クラウド環境
インターネット等のネットワーク経由でサービスを提供。インフラの管理・運用の負担を軽減でき、セキュリティ対策も安心。
MAツール
CMSやCRMと連携し、顧客の求めているであろう情報を行動から推測し、逐次提供する仕組み。

自社資料を基に作成

とはいえ概念だけ示しても、コンセプトメーキングだけで多額の報酬を要求するコンサルタント会社と思われるかもしれません。そこで、本文では具体的な商品名は出しませんでしたが、私たちの会社がもっている具体的なソリューションを図に示しました。図表18を見れば、さまざまなソリューションの関係が一目瞭然です。企業にとってWEBサイトは、農園のようなもの。まず土作りをしっかりしていないと作物は育ちません。土作りにまず必要なのがCMSであり、さらにMAツールやCRMツールが必要となります。農園の周りにはSEOやAIチャットボットなどのWEB上のコンテンツがあります。作物が育っている土地はクラウド環境であり、WEB広告という肥料を撒くとスマートフォンアプリなどから作物が得られるようになります。そのためには土作りが最も大切なことは、いうまでもありません。

私たちの会社は、会社のWEBサイトという「農園」が今どのような状態なのかを「ユーザビリティ調査」で診断します。ユーザーから見える部分はもちろん、見えない部分もしっかり診断し、問題があれば処方箋を書きます。うわべの対症療法ではなく、根幹からの治療を提案します。

医療行為と違うのは、治療するのは「患者」である御社自身だということです。その点では「結果にコミットする」と謳っているパーソナルジムと似ているかもしれません。何をすればどう変わるかは示しますが、実行するのは本人次第です。ただ、私たちは常に傍にいて、間違った方向に走っていかないように伴走するのです。

ＤＸ時代に求められるのは内製化だとよくいわれます。これは業者に「丸投げする」のではなく、自社主導で進めなければＤＸなど不可能という意味でいわれているのです。走るのは御社です。ですが一緒に走ってくれる人がいれば心強いですし、走り続けることも容易になるはずです。

とにかくのびしろしかないので、すぐに取り掛かるべきです。ですが、１人で進める必要はありません。まずは伴走してくれるパートナーを見つけることが重要です。

多くの会社でＷＥＢマーケティング導入が実現し、「２０２５年の崖」を乗り越えることを願ってやみません。

岸本 誠（きしもと まこと）

1981年福井県鯖江市生まれ。立命館大学経営学部卒業後、2005年に株式会社インテリジェンスオフィスに入社。その後プルデンシャル生命保険株式会社を経て、2011年に株式会社インフォネットに入社。2014年3月に取締役に就任。2017年6月に代表取締役社長に就任。一貫して無形商材の課題解決型営業に従事した経験を活かし、常に利他の観点からフラットに考え、お客さまのためにNOとさえいえる営業ポリシーを胸に強固なチームづくりに専念し、株式会社インフォネットの業績拡大に貢献。社長就任後2年で会社をIPOさせることに成功。現在は代表取締役会長としてグループ経営に専念。座右の銘は「自由と自己責任」。愛犬家。

本書についての
ご意見・ご感想はコチラ

BtoB企業限定
WEBマーケティング解体新書

二〇二二年四月二八日　第一刷発行

著　者　岸本 誠
発行人　久保田貴幸
発行元　株式会社 幻冬舎メディアコンサルティング
〒一五一-〇〇五一　東京都渋谷区千駄ヶ谷四-九-七
電話　〇三-五四一一-六四四〇（編集）
発売元　株式会社 幻冬舎
〒一五一-〇〇五一　東京都渋谷区千駄ヶ谷四-九-七
電話　〇三-五四一一-六二二二（営業）
印刷・製本　中央精版印刷株式会社
装　丁　秋庭祐貴

検印廃止

Printed in Japan　ISBN 978-4-344-93130-5 C0034
幻冬舎メディアコンサルティングHP　http://www.gentosha-mc.com/